Orig

Der Rote Turm auf dem Marktplatz.

Halle (Saale)
einst & jetzt

SUTTON

Zum kulturellen Erbe Deutschlands gehört auch das Erbe der DDR einschließlich einer Fülle von Kunstwerken im öffentlichen Raum. Viele dieser Werke wurden in den letzten 30 Jahren zerstört, abgerissen oder verändert, sind verfallen oder werden nicht wertgeschätzt, obwohl ihre künstlerische, historische und soziologische Bedeutung kaum infrage steht. Es besteht ein zunehmender Wunsch, diese Kunst als identitätsstiftendes Element zu bewahren oder zurückzuerlangen. Ein herausragendes Beispiel sind die Wandbilder von Josep Renau in Halle (Saale) und Erfurt. In Halle-Neustadt schuf Renau zwischen 1968 und 1974 im Auftrag des Beirats für bildende Kunst und Baukunst zwei 7 x 35 Meter große Bilder für ein Lehrlingswohnheim, die politische Ideen durch Kunst vermittelten. Im Mai 2023 konnte die Restaurierung des zweiten Wandbildes abgeschlossen werden, sodass das Motiv einer der damaligen Leitfiguren des Sozialismus, Karl Marx, nun wieder strahlt.

Kerstin Kiefel

Halle (Saale) *einst & jetzt*

Eine spannende Zeitreise in faszinierenden Bildern

SUTTON

Inhalt

Vorwort

Halle an der Saale, auch als die „Stadt der fünf Türme“ bekannt, blickt auf eine äußerst faszinierende und wechselvolle Geschichte zurück. Die Auswahl von insgesamt 55 Bildpaaren gestaltete sich deshalb nicht einfach. Trotz einiger Kriegszerstörungen und jahrzehntelanger Vernachlässigung in der DDR hat sich ein reicher Bestand an historischer Architektur erhalten können. Die politische Wende vor mittlerweile 35 Jahren brachte für viele gefährdete Baudenkmäler dann die Rettung, und so hat die Stadt ihr Gesicht in den letzten Jahrzehnten entscheidend zum Positiven gewandelt.

Viele einstige Baulücken sind mittlerweile geschlossen und die Stadt erstrahlt in neuem Licht. Doch sollte dies nicht unkritisch betrachtet werden. Zahlreiche Baudenkmäler auf innerstädtischen Grundstücken wurden und werden immer noch als Spekulationsobjekte missbraucht. In den 1990er-Jahren wurden viele Gebäude abgerissen und die hallesche Stadtverwaltung griff selten ein. Ebenso wurden interessante alternative öffentliche Nutzungsprojekte missachtet. Zu Recht schrieb deshalb der Arbeitskreis Innenstadt e.V.: „Die Toleranz, mit der die Stadt den verantwortungslosen Eigentümern begegnet, ist so hoch wie die Ignoranz, die sie den Eigenbau- und Eigennutzungsinitiativen entgegenbringt.“

Dieser Bildband möchte anhand verschiedenster Beispiele die tiefgreifenden Veränderungen der Stadt aufzeigen, von der liebevollen Sanierung einzelner besonderer Häuser bis hin zu modernen Zweckbauten, wie sie am Riebeckplatz oder am Steintor Campus zu finden sind.

Die Ursprünge der Stadt gehen auf die Solequellen zurück, aus denen Salz gewonnen wurde. Der Handel mit dem „weißen Gold“ brachte der Stadt im Mittelalter großen Reichtum. In der Neuzeit rückte die Stadt für einige Jahrzehnte in den Blickpunkt des gesamten Heiligen Römischen Reichs Deutscher Nation. Kardinal Albrecht, seinerzeit mächtigster Fürst nach dem Kaiser, wählte Halle als seine Residenz, die er durch prachtvolle Bauwerke im Stil der Renaissance repräsentativ umgestaltete. Durch Martin Luther, seinen im nahgelegenen Wittenberg lebenden Gegenspieler, verbreitete sich auch in Halle die Idee der Reformation, die nicht zuletzt dazu führte, dass Albrecht 1541 der Stadt desillusioniert den Rücken kehrte.

Im Jahr 1685 erblickte Georg Friedlich Händel in Halle das Licht der Welt und erwarb hier seine musikalische Ausbildung. Mit den seit 1952 jährlich stattfindenden Händel-Festspielen wird seine großartige Musik ehrenvoll gefeiert. Der Brandenburger Kurfürst Friedrich III. gründete 1694 als Gegengewicht zu den sächsischen Universitäten in Leipzig und Jena die Friedrichs-Universität in Halle, die bald ein Zentrum von Pietismus und Aufklärung wurde.

Im 18. Jahrhundert konnte Halle nicht an die Glanzzeiten der Residenzstadt anknüpfen. Nach dem Ende der französischen Besatzung 1813 war Halle zu einem verarmten Provinznest verkommen. Kaum einer ahnte zu diesem Zeitpunkt, dass die aus der Runkelrübe hervorgegangene Züchtung der Zuckerrübe und die winzigen Braunkohlengruben im Umland Auslöser einer Entwicklung würden, die Halle innerhalb weniger Jahrzehnte zu einer Großstadt

und einem bedeutenden Wirtschaftszentrum katapultierten. Die Nachfrage nach günstigem Brennstoff und Maschinen ließ Halle schnell zu einem Zentrum des Maschinenbaus und der Braunkohlenindustrie werden.

Der enorme Bedarf an Arbeitskräften der umliegenden chemischen Großbetriebe wie Buna und Leuna führte 1964 zur Gründung von Halle-Neustadt als „Stadt der Chemiearbeiter". Die vollständig in Plattenbauweise errichtete sozialistische Planstadt gehört mittlerweile trotz kontroverser Bewertung zur neueren Geschichte der Stadt. Denn auch hier warten einige der Hochhausscheiben im Zentrum immer noch auf eine sinnvolle Sanierung.

Halle befindet sich stetig im Wandel – von einer durch die Industrie geprägten Stadt zu einer dienstleistungs-, kultur- und wissenschaftsorientierten Ausrichtung. Die Stadt beheimatet die Nationale Akademie der Wissenschaften Leopoldina sowie die Bundeskulturstiftung. Der Weinberg Campus ist heute der zweitgrößte Wissenschafts- und Technologiepark in den neuen Bundesländern und beherbergt renommierte Forschungseinrichtungen wie Fraunhofer-, Helmholtz-, Leibniz- und Max-Planck-Institute.

Begleiten Sie mich und gemeinsam werden wir die Magie von einzelnen Orten einfangen, sei es beim Betrachten des verschwundenen „alten Halles" bis Mitte des 20. Jahrhunderts oder der neu mit Leben eingehauchten Orte wie des Planetariums im ehemaligen Gasometer. Abgerundet werden soll das Buch mit einigen wenigen heute noch erhaltenen inhabergeführten Geschäften wie der Bäckerei Kolb im Paulusviertel, der Parfümerie Tauschel in der Großen Ulrichstraße oder Trothe Optik. Alle sind sie einzigartig in ihrer Firmengeschichte, trotzten der Zeit und freuen sich über einen Besuch.

Kerstin Kiefel

Bahnhof mit Charme

Der offizielle Baustart der Magdeburg-Köthen-Halle-Leipziger Eisenbahn-Gesellschaft im Januar 1838 und die Inbetriebnahme des ersten Streckenabschnitts von Magdeburg bis Schönebeck 1839 markieren den Beginn einer neuen Ära. Die Ankunft der ersten Dampflok am 17. Juli 1840 stellt zweifellos einen epochalen Moment in der Geschichte der Stadt an der Saale dar. Die ersten Entwürfe für den „Centralbahnhof" von 1887, präsentiert von Friedrich Peltz und Regierungsbaumeister Albert Niemann, kündigten eine Ära des komfortablen Reisens an. Die Eröffnung des Personenbahnhofs im Oktober 1890, mit dem exklusiven „Fürstenzimmer“ für Reisende des Hochadels, unterstreicht den Fokus auf Luxus und Bequemlichkeit.

Die um 1900 gebräuchliche Bezeichnung „Ort der drei Bahnhöfe“ verdeutlicht, dass der Hallesche Bahnhof schon früh als zentraler Verkehrsknotenpunkt galt, an dem Pferdedroschken, Straßenbahnen und Eisenbahnen aufeinandertrafen. In den Jahrzehnten danach wurde der Bahnhof mehrmals umgebaut, wobei die sozialistische Alu-Wellblech-Verkleidung aus dem Jahr 1967 (Bild links) mittlerweile Geschichte ist.

Trotz der Veränderungen bleibt der hallesche Hauptbahnhof ein lebendiger Ort, kontinuierlich modernisiert und erweitert. Mit der Realisierung des Verkehrsprojekts Deutsche Einheit hat er sich zu einem bedeutenden Verkehrsdrehpunkt entwickelt. Die Freigabe der ICE-Schnellfahrstrecke Berlin–München im Jahr 2017 hat die Erreichbarkeit weiter verbessert und heute können Reisende in kurzer Zeit München, Berlin, Erfurt und sogar Wien erreichen.

In der „Professorenstraße“

Das Haus in der Großen Märkerstraße 10, ein Renaissancegebäude aus dem Jahr 1558, prägt maßgeblich das Stadtbild des Kleinen Berlins. Der Baumeister dieses architektonischen Schatzes war Nickel Hoffmann (um 1510–1592), einer der bedeutendsten Architekten der Renaissance in Halle. Im Laufe der Zeit wurde das Gebäude zu einem Zentrum für Philosophie und Wissenschaft. Es ist das Einzige, das die Atmosphäre der damaligen „Professorenstraße“ bewahrt hat. Bis heute spiegelt es den Zeitgeist ihres einstigen, sehr bekannten Besitzers wider – Christian Wolff, Philosoph, Mathematiker und einer der Gründer der späteren Universität von Halle. Die Kamineinbauten, Stuckdecken, Deckenmalereien, bemalten Textiltapeten und die auffälligen grün-goldenen Granatäpfel auf dem Treppengeländer, die teilweise bis heute erhalten sind, hatten einst schon Wolffs Augen erfreut. Zehn Jahre nach seinem Tod (1754) erwarb Johann Justinus Gebauer das Anwesen und richtete eine Druck- und Verlagsanstalt ein. Seine Nachkommen führten das Unternehmen unter dem Namen

„Gebauer und Schwetschke“ bis Anfang des 20. Jahrhunderts weiter. Im Vorderhaus wurde 1954 das Heimatmuseum eingerichtet, das heute Teil des Stadtmuseums Halle ist. Die Ausstellung „Geselligkeit und die Freyheit zu philosophieren“ ist eine Hommage an das Wirken Christian Wolffs und das Lebensgefühl der Menschen seiner Zeit. Im Jahr 2021 wurde vor dem Museum auf dem Platz Kleiner Berlin ein Christian-Wolff-Denkmal eingeweiht.

Vier Taler und 16 Groschen

Eine größere Spende von vier Talern und 16 Groschen in die Armenbüchse des Pfarrhauses zu Ostern 1695 wurde der Grundstock für das Lebenswerk von August Hermann Francke. „Das ist ein ehrlich Capital, davon muss man etwas rechtes stiften; ich will eine Armen-Schule damit anfangen." So gründete der Pietist Francke ein Waisenhaus, um meist mittellosen und unter sozialen Missständen leidenden Kindern Bildung und Heim zu geben. Schon bald wurde daraus eine ganze Schulstadt. Noch heute befinden sich universitäre Einrichtungen und Schulen auf dem Gelände, darunter die Theologische Fakultät und das Landesgymnasium Latina August Hermann Francke. Links auf der historischen Aufnahme der lang gestreckte barocke Hauptbau der Stiftungen – noch unverstellt, ohne die Verkehrshochstraße. Das Haupthaus wurde 1699/1700 erbaut und ist eine architektonische Besonderheit mit übergiebel-

ter Mittelfront und großzügiger Freitreppe. In den 1970er-Jahren wurde die nördliche Waisenhausmauer abgerissen, um eine trostlose, überdimensionierte Hochstraße als Anbindung an die neu erbaute Plattenbausiedlung Halle-Neustadt zu bauen. Diese führt seitdem auf einem Teilstück direkt durch das Stiftungsgelände und trennt das Haus der Waisenhausapotheke von den übrigen Stiftungsgebäuden. Die Franckeschen Stiftungen haben sich zu einer Institution von nationaler Bedeutung entwickelt und pflegen zahlreiche internationale Kooperationen. Das historische Waisenhaus beherbergt außerdem die älteste bürgerliche Museumsstätte Deutschlands, die Kunst- und Naturalienkammer. Zusätzlich können Besucher das Francke-Kabinett, das Kinderkreativzentrum Krokoseum sowie die historische Bibliothek der Stiftung mit ihrem barocken Kulissenmagazin erkunden.

Die Leopoldina – der neue Stolz

Auf dem Jägerberg in der Nähe des einstigen Klosters Neuwerk errichtete Kardinal Albrecht von Brandenburg zwischen 1534 und 1537 einen imposanten schützenden Wall für seine prachtvolle Moritzburg (rechte Seite). Nach Eroberung und Brand der Moritzburg während des Dreißigjährigen Krieges verlor das Areal an Bedeutung. Herzog August von Sachsen-Weißenfels ließ das verwahrloste Grundstück später in einen Park mit Jagdhaus und Hundezwinger umwandeln, was den Ursprung des Namens „Jägerberg" erklärt. Nach dem Tod des Herzogs im Jahr 1680 verfiel der Park. Auf Anregung des Mediziners Johann Christian Reil erwarb die Freimaurerloge „Zu den Drei Degen", in der er selbst Mitglied war, im Jahr 1792 das Anwesen und machte es über mehr als einhundert Jahre zu einem kulturellen Mittelpunkt. Während des Nationalsozialismus sah sich die Loge gezwungen, das Anwe-

sen an die Stadt Halle zu übertragen. Nach dem Zweiten Weltkrieg nutzte die sowjetische Militäradministration das Gebäude kurzzeitig als Kulturhaus. Ab 1952 diente es als Hörsaalgebäude der Martin-Luther-Universität Halle-Wittenberg. Nach der Rückabwicklung der Zwangsübereignung 1998 wurde das Gebäude im Jahr 2009 an die Leopoldina verkauft, die es aufwendig sanierte und im Jahr 2012 bezog. Die Architektur spiegelt bis heute die wechselhafte Geschichte wider. Baustile aus verschiedenen Epochen existieren nebeneinander und zeugen von den Zeitgeist- und Repräsentationsansprüchen der früheren Besitzer. So bietet das Gebäude der Leopoldina – heute Nationale Akademie der Wissenschaften in Deutschland – einen eindrucksvollen Rahmen.

Auferstanden aus Ruinen

Die Moritzburg wurde Ende des 15. Jahrhunderts als Zwingburg während des Pfännerschaftsstreits erbaut. Dieser Konflikt zwischen dem Rat der Stadt und der Pfännerschaft über Entscheidungsgewalt und finanzielle Ressourcen führte zu offenen Auseinandersetzungen. Der Magdeburger Erzbischof Ernst von Wettin nutzte die Streitigkeiten geschickt aus, übernahm die Kontrolle über die Stadt Halle und errichtete die Moritzburg als Symbol seiner Macht. Die Burg wurde im spätgotischen Stil erbaut und verfügte über vier Ecktürme, von denen zwei als Kanonenbastionen dienten. Sie war aufgrund ihrer markanten Architektur weithin sichtbar. Ursprünglich hatte die Burg zwei Zugänge: ein Hauptportal an der Nordseite, das jedoch später geschlossen wurde, und ein Nebenportal im Ostflügel, das als Stadtzugang diente und heute den Zugang zum Innenhof ermöglicht. Nach 19 Jahren Bauzeit war die Burg 1503 im Wesentlichen vollendet. Die Nachfolge des Erzbischofs trat Kardinal Albrecht von Brandenburg an. Er prägte die Stadtentwicklung wie kein anderer. Unter seiner Regentschaft erhielt die Moritzburg eine prunkvolle Ausstattung mit wertvollen Teppichen, Wandmalereien und Gemälden der großen Künstler seiner Zeit, darunter Lucas Cranach, Matthias Grünewald und Albrecht Dürer. Während des Dreißigjährigen Krieges erlitt die Burg schwere Schäden, insbesondere durch eine verheerende Feuersbrunst im Jahr 1637 und spätere Sprengungen. Nach der Nutzung als Kaserne und Lazarett im 18. Jahrhundert verfiel die Burg rapide und es drohte der endgültige Verlust. Anfang des 20. Jahrhunderts kam dann die glückliche Wendung – sie wurde zum Städtischen Kunstmuseum umgebaut.

Berauschende Opernfeste

Die historische Aufnahme zeigt die schöne Anlage des alten Promenadenrings. Die Parkanlage wurde auf dem Gelände der abgetragenen Stadtbefestigung angelegt. Mittelpunkt war – neben dem Stadttheater dahinter – das Siegerdenkmal von 1871 zu Ehren der gefallenen Hallenser im preußisch-österreichischen Krieg von 1866. Das Denkmal wurde 1946 gesprengt, heute verschönert eine Wasserfontäne den Platz. Der alte Teil der Promenade wurde damals großzügig ausgebaut und trug der aufstrebenden Industriestadt Rechnung. Sie verband die Große Steinstraße mit der Großen Ulrichstraße. Die Wege wurden geebnet, Stadtmauern und Steintorturm sowie das äußere Ulrichstor wurden radikal abgerissen. Das heutige Opernhaus, ein imposanter Neorenaissance-Bau, wurde im Jahr 1886 auf dem damals als Petersberg

bekannten Hügel als Stadttheater eingeweiht. Zu jener Zeit galt es neben dem Budapester Opernhaus als modernstes Theater. Besonders legendär waren die beeindruckenden Kronleuchter, die unter einer großartigen Kuppel hingen. Im März 1945 erlitt das Gebäude schwere Schäden durch mehrere Sprengbomben, wurde jedoch zügig instand gesetzt – wenn auch ohne Kuppel. Im Jahr 1951 erfolgte die Wiedereinweihung des Theaters als „Landestheater Halle", ab 1968 hieß es „Theater des Friedens". Zahlreiche Renovierungen brachten auch Veränderungen an der Fassade mit sich. Die Rundbögen wurden zu eckigen Fenstern umgestaltet, der Stuck an der Fassade verschwand ebenso wie die einst imposante Kuppel. Erst im Jahr 2011 wurde das ursprüngliche Erscheinungsbild der Fassade wiederhergestellt.

Ratshof versus Rathaus

Die Ostseite des Marktes wurde über Jahrhunderte hinweg maßgeblich vom alten Rathaus geprägt (links). Der Marktplatz galt damals als einer der schönsten in Deutschland. Im Zweiten Weltkrieg wurden das Rathaus und das benachbarte Waagegebäude schwer beschädigt und bis 1950 komplett abgerissen. 1929 war hinter dem historischen Rathaus der moderne Ratshof als reiner Funktionsbau entstanden. Obwohl der Ratshof anfänglich kaum Beachtung fand, da er nur über den Innenhof des alten Rathauses zugänglich war, nimmt er heute eine prominente Position ein. Mit einer dem Zeitgeist entsprechenden schlichten Gestaltung verfügt der Bau über fünf Bürogeschosse, einen massiven Eckturm mit hohen Saalfenstern und eine Pyramidenspitze als Krönung. Der Haupteingang am Marktplatz ist durch vier

Säulen geprägt. Im Inneren des Gebäudes befand sich bis vor Kurzem ein Paternosteraufzug, der mittlerweile durch einen zeitgemäßen Aufzug ersetzt wurde. Die Innenräume zeichnen sich durch Nüchternheit aus. Der Ratshof wird durch Kunstwerke der Kunsthochschule Burg Giebichenstein verziert, darunter ein großes Stadtwappen aus Beton an der Ecke zur Leipziger Straße sowie fünf überlebensgroße Bronzestatuen. Nach 1990 sorgte der Neubau des mittlerweile leer stehenden Kaufhofs (links vom Ratshof) für eine umstrittene Neugestaltung der Nordostecke des Marktplatzes. Die Stiftung Altes Rathaus Halle (Saale) engagiert sich seit vielen Jahren für die Rekonstruktion des historischen Rathauses und somit auch für die Wiederherstellung der ursprünglichen Proportionen des halleschen Marktplatzes.

Stadtteil vom Reißbrett

Auf der historischen Ansicht ist der Hasenberg vor seiner Bebauung zu sehen. Diese natürliche Erhebung aus halleschem Quarzporphyr bot sich als Zentrum für das seit 1880 systematisch bebaute Wohnviertel an. Lange Zeit war unklar, wie die Kuppel als zentraler Platz des neuen Viertels gestaltet werden sollte. Erst durch die Schenkung des Grundstücks eines halleschen Bürgers im Jahr 1897 und die Spenden der Kaiserin Auguste Viktoria wurde es 1900 möglich eine Kirche zu errichten, die nun Namensgeber und Mittelpunkt des Paulusviertels ist. Bereits 1903 wurde sie in Gegenwart der Kaiserin feierlich eingeweiht. Die Kirche ist ein Bau im Stil der Backsteingotik, die sich über dem Grundriss eines gedrungenen lateinischen Kreuzes erhebt. Sie wird von einem mächtigen polygonalen Vierungsturm mit Rundtürmen flankiert. Die ursprünglichen Bronzeglocken wurden während der Weltkriege eingeschmol-

zen und 1956 durch drei Stahlglocken ersetzt. Der Berliner Maler August Oetken gestaltete die farbenfrohe Ausmalung. Bei der Restaurierung im Jahr 1972 wurde das Innere der Kirche im puristischen Zeitgeist allerdings weiß gestrichen. Zum 100. Geburtstag der Kirche 2003 wurde die Ausmalung Oetkens – ein wichtiges Zeugnis der Wiederbelebung farbiger Gestaltung von Kirchen nach mittelalterlichen Vorbildern zu Beginn des 20. Jahrhunderts – teilweise wiederhergestellt. Wegen seiner gehobenen Lage auf einer zehn Meter hohen Porphyrkuppe und der damit verbundenen ausgezeichneten Silhouettenwirkung ist der Kirchenbau für das Stadtbild von herausragender Bedeutung. Heute finden neben Gottesdiensten regelmäßig Konzerte in der Kirche statt.

Lebendiges Tor zur Stadt

In der Nähe des heutigen Joliot-Curie-Platzes stand ursprünglich das alte Steintor. Als erstes Stadttor aus Stein war es namensgebend für den Platz außerhalb der Stadtmauern, der bis ins 19. Jahrhundert „Vor dem Steintor" genannt wurde. Seit 1928 trägt der Platz den Namen „Am Steintor". Im Zuge der Stadterweiterungen ab Mitte des 19. Jahrhunderts entstanden hier ganz neue Stadtviertel jenseits der alten Stadtbegrenzung. Auch eine Reithalle des Pferdegroßhändlers Emil Lözius fand hier Platz, aus der später das Walhalla-Theater hervorging, das noch bis heute bestehende Steintor-Varieté. Mit dem Ausbau der Straßen für Straßenbahn und Autos entwickelte sich zu Beginn des 20. Jahrhunderts ein neuer lebendiger Knoten-

punkt. Nordwestlich entstanden die Anlagen der Landwirtschaftlichen Fakultät von Julius Kühn und südlich entlang der Magdeburger Straße die Universitätskliniken. Der Platz wurde nach dem Zweiten Weltkrieg in Marx-Engels-Platz umbenannt und erhielt 1992 seinen alten Namen zurück. Nach verschiedenen Bemühungen zur Verkehrsentlastung erfuhr der Platz nach seiner Umgestaltung 2015 und dem Neubau des Steintor-Campus mit dem Geistes- und Sozialwissenschaftlichen Zentrum der Universität eine städtebauliche Aufwertung. Die Fassadensanierung des über 100 Jahre alten Steintor-Varietés und ein neues Wasserspiel tragen zur Verschönerung des Platzes bei, der nun als lebendiges Tor zur Stadt gilt.

Tragödie Riebeckplatz

Kaum ein Ort in Halle hat so viele einschneidende Veränderungen erlebt wie der Riebeckplatz. In der Zeit der Industrialisierung galt er als einer der schönsten gründerzeitlichen Plätze der Stadt. Umgeben von noblen Hotels und zahlreichen Geschäftshäusern, präsentierte sich der sternförmige Platz als bedeutender Verkehrsknotenpunkt und eindrucksvoller Eingang zur Stadt. Doch 1945 wurde der Platz durch einen Bombenangriff weitestgehend zerstört. In den 1960er-Jahren erfolgte ein radikaler Umbau im Sinne der sozialistischen Nachkriegsmoderne mit Fokus auf eine autogerechte Verkehrsgestaltung. Die Umgestaltung der Einmündung in die Leipziger Straße und die Errichtung eines Denkmals, auch als „Fäuste" bekannt, waren die Folge. Das Monument bestand aus vier 15 Meter hohen erhobenen Fäusten und symbolisierte die revolutionäre Arbeiterbewegung. Es wurde jedoch nach der Wende aufgrund des sich wandelnden politischen Klimas entfernt. Trotz Bürgerbegehren kam es zu weiteren Abrissen und Neubauten entstanden, darunter ein imposantes Eckwohngebäude und ein neues Hotel. Die letzte große Baumaßnahme zu Beginn des 21. Jahrhunderts zielte darauf ab,

die Verkehrsführung zu optimieren und das Umfeld neu zu gestalten. Jedoch blieb die erhoffte positive Belebung des „Eingangstors" aus. Im Jahr 2023 wurde die Stadt Halle als Standort für das „Zukunftszentrum Deutsche Einheit und Europäische Transformation" ausgewählt, das direkt am Riebeckplatz entstehen soll. Mit innovativer Architektur soll der Platz Raum für Zukunftsgestaltung, Forschung, Begegnung, Kultur, Ausstellungsflächen und eine Aussichtsplattform bieten. Es besteht Hoffnung, dass dies einen positiven Wendepunkt für die bauliche Tragödie des Riebeckplatzes bedeutet.

Wilde Saale von Böllberg

Eingebettet in ein malerisches Ensemble zwischen dem alten Dorf Böllberg und den fast unberührten Saaleauen liegt die romantische Rabeninsel. 1012 soll der Ort Böllberg erstmals urkundlich erwähnt worden sein, war aber bereits zu Beginn des 8. Jahrhunderts eine lebendige sorbische Siedlung. Neben dem Fischfang war das Schifffahrtsgewerbe eine der Haupteinnahmequellen der Bewohner. So konnte man sich seit alters her mit einer Kahnfähre zur Rabeninsel übersetzen lassen. Seit dem Ende des

18. Jahrhunderts entwickelte sich diese kleine Oase zu einem der meistbesuchten Ausflugsziele jenseits der Innenstadt. Hier sollen sich regelmäßig Studenten getroffen, Duelle und politische Versammlungen organsiert haben. Eine Fähre gibt es schon seit über 30 Jahren nicht mehr. Dafür wurde im Jahr 2000 die neue Rabeninselbrücke gebaut. Diese Schrägseilbrücke mit einer beeindruckenden Spannweite von knapp 90 Metern besticht durch ihr architektonisches Design. Der Brückensteg ist geschwungen und geneigt, was nicht nur ästhetisch ansprechend ist, sondern auch eine effiziente Verteilung der Lasten ermöglicht. Die Rabeninsel ist ein integraler Bestandteil des 90,7 Hektar großen Naturschutzgebiets Rabeninsel und Saaleaue bei Böllberg. Der Hartholzauenwald auf der Insel beherbergt etwa 260 Jahre alte Stieleichen und zählt zu den wertvollsten Auenwäldern in der Stadt. Im nördlichen Teil der Insel lichten sich die Waldbestände teilweise und es sind vermehrt Sträucher und Brennnesseln zu finden. Zudem ist die Insel Lebensraum für geschützte Tierarten wie Eisvögel, Habichte, Rotmilane und andere. Der Wald dient außerdem als Winterschlafplatz für eine beeindruckende Anzahl von einigen tausend Saatkrähen, Dohlen sowie Raben- und Nebelkrähen.

Gerettete Nostalgie

Im Jahr 1816 gründete der Stärkefabrikant Christian Gottfried Rauchfuß die Brauerei am Großen Berlin in der halleschen Innenstadt. Das Familienunternehmen wuchs, erwarb kleinere Brauereien und zog 1886 auf das Gelände in der Glauchaer Straße um. Die Brauerei wurde mit modernster Technologie ausgestattet. Im Jahr 1931 betrug der Jahresausstoß 100.000 Hektoliter. Die Brauerei galt in den 1930er-Jahren als die größte Privatbrauerei Deutschlands. Nach dem Zweiten Weltkrieg wurde sie enteignet und in einen Volkseigenen Betrieb (VEB) umgewandelt. Unter verschiedenen Firmenbezeichnungen wurde bis 1990 Bier unter der Marke Meisterbräu gebraut. Im Jahr 1990 wurde das Brauhaus Halle Teil des Konzerns Brau und Brunnen. Der Braubetrieb in der Glauchaer Straße wurde eingestellt.

1996 kam mit der Auflösung der Meisterbräu GmbH das endgültige Aus für das Jahrhunderte dauernde Brauereiwesen in Halle.

Ein Teil der Gebäude wurde im Jahr 2000 durch einen Brand stark beschädigt. Seit 2019 wird das Gelände von einem Immobilienunternehmen umgestaltet, um eine Wohnanlage mit 210 Wohneinheiten unter dem Projekttitel „Lofts mit Saale-Blick“ zu schaffen. In diesem Zusammenhang wurden viele Gebäudeteile abgerissen, wobei die denkmalgeschützte flussseitige Jugendstilfassade erhalten blieb, jedoch durch den Einbau von drei Geschossen (statt früher zwei) erheblich verändert wurde.

Am Anfang stand das Salz

Der Hallmarkt repräsentiert einen der mittelalterlichen Siedlungskerne der Stadt und diente als zentrales Gebiet für die Salzgewinnung und -verarbeitung. Heutzutage präsentiert er sich als gründerzeitliche Platzanlage, westlich vom Marktplatz und dem heute überbauten Seitenarm der Saale gelegen, der einst als Gerbersaale bekannt war. Das Areal, auch als „Thal" bezeichnet, verfügte über eine eigene Verwaltung und Gerichtsbarkeit. Die Siedehütten, einfache Fachwerkgebäude, wurden um 1790 abgerissen und durch zwei größere Siedehäuser der Pfännerschaft ersetzt. Im Jahr 1869 wurde der

Betrieb eingestellt und die Salzgewinnung verlagerte sich zur Königlich-Preußischen Saline auf der Salinehalbinsel.

Während des Volksaufstands in der DDR wurde der Hallmarkt zum Zentrum der Proteste in Halle. Tausende Bürger versammelten sich, um für freie Wahlen und gerechtere Löhne zu demonstrieren. Deshalb trägt der Hallmarkt seit 2003 als Erinnerung an diesen Tag den Namenszusatz „Platz des 17. Juni“. Die Umgebung des Hallmarktes ist noch heute von gründerzeitlicher Blockrandbebauung geprägt, die zwischen 1885 und 1910 entstand. Im Süden steht die 1905 erbaute Stadtbibliothek, die ursprünglich als Lesehalle fungierte. Im Osten bildet ein 1924 von Wilhelm Jost im neoromanischen Stil geschaffenes Umspannwerk den Platzrand. Nach einer baulichen Sanierung wird das Umspannwerk seit 2011 als Lebensmittelgeschäft und Restaurant genutzt. Im Westen des Platzes befindet sich ein Brunnen des Bildhauers Bernd Göbel, der durch seinen Figurenreichtum mit vielen Bezügen zur halleschen Stadtgeschichte beeindruckt.

Kröllwitzer Poesie

Von der Burg Giebichenstein aus genießt der Besucher einen malerischen Ausblick auf das gegenüberliegende Kröllwitz. Der spitze Turm der Petruskirche überragt majestätisch die Dächer eines der schönsten Stadtteile Halles. Romantisch gelegen auf einem Porphyrfelsen (wie auf dem linken Foto gut zu erkennen), thront Kröllwitz oberhalb der Saale, die hier eine markante Biegung macht, bevor sie die Stadt hinter der Trothaer Schleuse wieder verlässt (wie auf der rechten Luftaufnahme zu sehen). Ursprünglich als sorbisches Fischerdorf gegründet, wurde Kröllwitz erstmals im Jahr 1291 unter dem Namen „Crolewiz“ erwähnt. Das Areal um die Petruskirche bildet das historische Zentrum des Stadtteils. Die einstigen Fischerhäuser entlang der Talstraße sind heute von eleganten Villen umgeben. Kröllwitz hat im Laufe der Zeit viele Veränderungen durchgemacht, zunächst ein Industriestandort mit einer Papiermühle (von 1714 bis 1940), entstanden hier später teure Herrenhäuser, Handwerksbetriebe und

Künstlerherbergen. Heute ist Kröllwitz die Heimat der Wohlhabenderen unter den Hallensern. Trotz Grundstücks- und Mietpreisen, die zu den höchsten in Halle zählen, bewahrt sich der Stadtteil seinen dörflichen Charakter. Die idyllische Lage am Fluss und charmante Orte wie die Gaststätten „Krug zum grünen Kranze", die „Bergschänke" oder die „Kunsthalle Talstrasse" verleihen Kröllwitz einen besonderen Reiz. Vom Ochsenberg aus genießt man einen atemberaubenden 360-Grad-Panoramablick, während das Rondell auf dem Kröllwitz-Berg und der Amselgrundfelsen mit einzigartigen Ausblicken auf die Saale und den Giebichenstein beeindrucken.

Auf Rosen gebettet

Der Platz, der heute als Alter Markt bekannt ist, befindet sich südlich des Marktplatzes und war einer der frühesten Siedlungskerne der Stadt Halle (Saale). Bereits im 11. Jahrhundert existierte an dieser Stelle eine Fernhändlersiedlung, die um 1100 sogar über eine Befestigung verfügte. Hier kreuzte sich die Fernhandelsstraße von Lübeck und Magdeburg nach Süddeutschland (östliche Platzseite) mit der Straße über Eisleben nach Westdeutschland. Am Alten Markt standen das erste Hallesche Rathaus und die erste Pfarrkirche der Stadt mit der Michaeliskapelle, beide Gebäude sind heute nicht mehr vorhandenen. 1905 stiftete ein Kaufmann (Martick), dessen Geschäftshaus sich schon ein halbes Jahrhundert am Alten Markt befand, einen größeren Geldbetrag für den Bau eines Brunnens. Errichtet

wurde eine Brunnenanlage aus Betonguss in Jugendstilformen. Ein Jahr nach Fertigstellung der Anlage fehlte noch der finale Schmuck. Bei einem ausgeschriebenen Wettbewerb wurde Heinrich Keiling, ein Bildhauer aus Halle, als Sieger gekürt. Seine Bronzeplastik greift eine bekannte Legende aus Halle auf, die vom Müllerburschen und seinem Esel handelt. Die Geschichte besagt, dass die beiden geehrt wurden, als sie über Rosen liefen, die eigentlich für Kaiser Otto I. gestreut worden waren. Der Kaiser musste jedoch aufgrund eines Hochwassers der Saale kurzfristig die Strecke seines Einzuges in die Stadt ändern. Die Einweihung der bis heute beliebten Brunnenfigur fand im Sommer 1913 statt.

Griff nach den Sternen

Das neue Planetarium am Holzplatz, das sich in einem ehemaligen Gasometer befindet, gilt heute als das modernste seiner Art in Europa. Der Gasometer, der bis 1972 als städtisches Gaswerk diente, hat seit 2023 eine neue Funktion. Mit finanziellen Mitteln in Höhe von 21 Millionen Euro aus Fluthilfegeldern des Bundes entstand das neue Planetarium als Ersatz für das frühere, den Hochwasserfluten von 2013 auf der Peißnitzinsel zum Opfer gefallene und anschließend abgerissene Planetarium. Das Herzstück des beeindruckenden Gebäudes, das nun geschickt Industriekultur und Sternenbeobachtung vereint, ist zweifellos der „Sternensaal“ mit seiner imposanten Kuppel. Hier erleben die Besucher dank modernster Fulldome-Projektionstechnik faszinierende 360-Grad-Ansichten der fernen Welten der

Sterne und Galaxien. Die Architekten haben das ungewöhnliche Bauwerk mit äußerster Sorgfalt restauriert, wobei der Neubau mit einer Höhe von 16 Metern und einem Durchmesser von 30 Metern präzise in das historische Erscheinungsbild integriert wurde, ohne dabei die denkmalgeschützte Fassade zu beeinträchtigen. Der Betonsockel des Gebäudes zeigt das Jahresband der Sternenbilder. Ein weiteres markantes Detail ist der Schriftzug „Raumflug-Planetarium“ über dem Haupteingang, der seinen Ursprung im ehemaligen Sigmund-Jähn-Planetarium auf der Peißnitzinsel hat. Seit seiner Eröffnung im März 2023 hat sich das neue Planetarium bereits zu einem Publikumsmagneten entwickelt. Fast täglich finden Veranstaltungen statt.

Alma mater halensis

Die Martin-Luther-Universität Halle-Wittenberg ist nicht nur die älteste (Gründung 1817) und größte in Sachsen-Anhalt, sondern sie zählt auch zu den frühen Universitätsgründungen in Deutschland. Die Universität ist aus zwei Universitäten entstanden. Im Jahr 1502 wurde die Leucorea in Wittenberg gegründet und entwickelte sich zu einem bedeutenden Zentrum der Reformation unter der Lehre von Martin Luther und Philipp Melanchthon. Die Universität in Halle wurde hingegen im Jahr 1694 gegründet. Zusammen bilden sie heute eine angesehene Institution für Lehre und Forschung. Christian Thomasius, August Herrmann Francke und Christian Wolff prägten diese in den Folgejahren maßgeblich und sie galt als Ausgangspunkt der deutschen Frühaufklärung. Beide Universitäten wurden am 21. Juni 1817 in Halle zur Vereinigten Friedrichs-Universität Halle-Wittenberg zusammengelegt.

Im Zentrum des Universitätsplatzes steht das 1834 als Hauptgebäude der Universität errichtete historische Löwengebäude, das sich bis heute kaum verändert hat. Sehenswert ist die 1872 fertiggestellte historische Aula im pompejanischen Stil. Zu sehen sind hier Szenen aus „Ilias" und „Odyssee". Der Treppenaufgang zeigt eine Büste von Christian Thomasius, geschaffen von Friedrich Schaper, sowie Büsten von Martin Luther und Philipp Melanchthon, geschaffen von Gerhard Marcks. Die zwei repräsentativen Löwen, die einst vor einem Brunnen auf dem Marktplatz standen, zieren heute imposant den Eingang des Gebäudes und sind gleichzeitig das Wahrzeichen der Universität. Eine studentische Mär besagt, dass sich kein Student je auf die Löwen setzen sollte, da dies dazu führe, dass der Student sein Examen nicht besteht.

Die Silhouette der fünf Türme

Von der unteren Leipziger Straße aus bietet sich ein beeindruckender Blick auf einen der größten deutschen Marktplätze und fünf imposante Türme: den Roten Turm, die vorderen Hausmannstürme und die Blauen Türme der Marktkirche im Hintergrund. Zusammen mit dem zentralen Händeldenkmal bildet der Marktplatz ein einzigartiges architektonisches Ensemble. Der Rote Turm, 1506 eingeweiht, beherbergt Europas größtes Glockenspiel (Carillon) mit 76 Glocken. Die Marktkirche Unser Lieben Frauen steht in engem Zusammenhang mit dem Wirken Kardinal Albrechts und der wohlhabenden Bürgerschaft von Halle um 1500. Die Marienkirche mit den heutigen Hausmannstürmen dominierte einst den Marktplatz, während die Gertrudenkirche, auch Kirche der Salzsieder genannt, westlich davon stand,

gekennzeichnet durch die markanten Blauen Türme. Auf Initiative von Kardinal Albrecht wurde 1529 mit der Umgestaltung des Marktplatzes begonnen, um der Reformationsbewegung entgegenzuwirken. Die Schiffe beider Kirchen wurden abgerissen, Friedhöfe eingeebnet. Zwischen den Turmpaaren wurde die Marktkirche, eine dreischiffige Hallenkirche, neu errichtet und bis 1554 fertiggestellt. Seit über 470 Jahren hat sie ihr Äußeres unverändert bewahrt. Kardinal Albrecht verließ die Stadt 1541 und Halle wurde zu diesem Zeitpunkt protestantisch. Luther predigte zwischen 1545 und 1546 in der halbfertigen Kirche. Der Flügelaltar aus der Werkstatt von Lucas Cranach erinnert an die katholischen Auftraggeber. Die Marktkirche ist der letzte große Hallenbau der obersächsischen Spätgotik und eine herausragende Architekturleistung. Caspar Krafft entwarf den Bau, nach Kraffts Tod 1540 übernahm Nickel Hoffmann die Fertigstellung und gestaltete die Renaissance-Emporen.

An der alten Strohhofsaale

Auf beiden Aufnahmen geht der Blick von der Klausbrücke hinüber zur alten Strohhofsaale. An diesem geschichtsträchtigen Ort vereinten sich einst die Gerbersaale (heute vom Hallorenring überbaut) und die Strohhofsaale, die heute gemeinsam den malerischen Mühlgraben formen. Die Häuser am linken Ufer sind längst verschwunden, an dieser Stelle wurde die „Spitze" neu errichtet. Entlang dieses Seitenarms der Saale erstreckt sich die Mansfelder Straße (rechts), ein bedeutsamer Abschnitt der historischen Handelsroute, die von der Großen Klausstraße durch das Klaustor über die Klausbrücke führte, um dann die Saaleauen zu durchqueren. Die Klausbrücke selbst atmet Geschichte: Ursprünglich aus Holz errichtet, wurde sie im Jahr 1576 durch eine steinerne Brücke ersetzt. Aufgrund des stetig wachsenden Verkehrsaufkommens wurde sie 1908 erneuert, diesmal aus Eisenbeton, und auf großzügige 16 Meter verbreitert. Im Jahr 2011 wurde die letzte aufwendige Sanierung der Brücke abgeschlossen, bei der ein zeitgemäßes Glasgeländer Verwendung fand.

Zentral auf der rechten Uferseite der Strohhofsaale steht ein um 1910 erbautes Wohn- und Geschäftshaus, dessen schlichte Jugendstilelemente die Blicke auf sich ziehen. Nach seiner Vollendung zog die Dom-Drogerie ein, die selbst in DDR-Zeiten ihren Betrieb aufrechterhielt, bevor das Gebäude in den 80er-/90er-Jahren bedauerlicherweise verfiel. Erst seit Kurzem erstrahlt es nach einer umfassenden Sanierung in neuem Glanz. Heute befinden sich darin Coworking-Büros.

Kreuz des Südens

Der Rannische Platz wird heute oft auch als „Kreuz des Südens" bezeichnet und entspricht dem, was im Norden das Reileck ist. Dieser heute stark frequentierte Verkehrsknotenpunkt war schon damals ein Knotenpunkt, der die historische Altstadt mit den südlicheren Stadtteilen verband, die Ende des 19. Jahrhunderts entstanden. Der Name „Rannischer Platz" stammt vom ehemaligen äußeren oder oberen Rannischen Tor, das am Ende des Steinwegs stand und die äußere Grenze der Amtsstadt Glaucha markierte. Die Umgebung war spärlich bebaut, hauptsächlich befanden sich hier Gärten, Felder und Weinberge. Der heutige Rannische Platz unterscheidet sich stark von seinem früheren Aussehen. Hier münden bis heute radialartig noch sieben wichtige Verkehrsstraßen. Erst nach der

Eingemeindung Glauchas im Jahr 1817 begann der intensive Ausbau des Platzes. Es wurden ehemalige Tongruben und ein Teich in der Umgebung zugeschüttet. Durch die weitere Industrialisierung übernahm der Platz eine zentrale Rolle im südlichen Halle. Bereits 1888 fuhr eine Stadtbahnlinie die 1,9 Kilometer lange Strecke vom Roßplatz über den Marktplatz zum Rannischen Platz, der noch viele weitere Straßenbahnlinien folgten. Einige Häuser existieren erfreulicherweise heute noch – so zum Beispiel das Eckhaus am Steinweg 28, in dem die Kronen-Apotheke seit über 130 Jahren ansässig ist. Im Jahr 2015 fand der letzte umfassende Umbau statt, bei dem der Auto- und Fußgängerverkehr besser berücksichtigt wurde. Trotzdem wirkt der Platz heute etwas trist.

Ein Haus voller Geschichte

Die Industrialisierung im 19. Jahrhundert verwandelte Halle in eine aufstrebende Industriestadt. Enge Wohnverhältnisse und eine schlechte Luftqualität durch zahlreiche Fabriken prägten das Leben in der Stadt. Nach der harten Arbeit suchten die Menschen vermehrt Erholung in der Natur. Zahlreiche Ausflugslokale entstanden, darunter das „Peißnitzhaus". 1884 kaufte die Stadt Halle die idyllische Peißnitzinsel zurück, um sie als Erholungsoase zu gestalten. 1890 wurde südlich der späteren Brücke eine Pendelfähre eingerichtet. Nach kontroversen Debatten beschloss der Stadtrat 1891 den Bau eines prächtigen Restaurationsgebäudes. Die Einweihung erfolgte im Frühjahr 1893. Ab 1921 wurde das Gebäude allerdings nur noch als Schlaferholungsstätte für Kinder genutzt. 1934 wurde es für die Hitlerjugend umgestaltet und die Insel erhielt den Namen „Nachtigalleninsel". Während

des Zweiten Weltkriegs blieb das Gebäude weitgehend unbeschädigt. Nach verschiedenen Nutzungen wurde es 1947 Kulturhaus der sowjetischen Streitkräfte. 1950 übernahm die Pionierorganisation das Haus als Bezirkspionierhaus. Im Sommer 1989 begann eine umfassende Sanierung mit dem Ziel der Wiedereröffnung. Daraus wurde aber nichts. Nach mehreren Bränden und Vandalismus stand das Gebäude ab 1995 viele Jahre leer. Seit 2003 versucht der Peißnitzhaus e.V., das Gebäude zu revitalisieren, und saniert es liebevoll. Heute ist es das gesellschaftliche und kulturelle Zentrum der Peißnitzinsel.

Majestätisches Schlösschen

Majestätisch steht an der Nordwestecke des halleschen Marktplatzes zwischen der alten Bärgasse (links) und der Großen Klausstraße eines der schönsten Renaissancehäuser Halles. Das drei Stockwerke hohe Patrizierhaus hat an der schönen roten Fassade zum Marktplatz insgesamt vier einwärts geschweifte Renaissancegiebel. Hinter dem Haus ragt die Zwiebelhaube des bemerkenswerten Treppenturms (Wendelstein) hervor, der zum Erreichen der Obergeschosse eingebaut wurde und Ende des 16. Jahrhunderts entstanden sein soll. Im Inneren sind wertvolle Stuckdecken erhalten geblieben. Mehrere Jahrhunderte diente das Haus hauptsächlich Wohnzwecken. Verschiedene Persönlichkeiten, darunter Jurist Kilian Stisser und Konrad

Carpzov, beide Kanzler des erzstiftlichen lutherischen Administrators Christian Wilhelm von Brandenburg, später August von Sachsen-Weißenfels, bewohnten es. 1675 erwarb Alexander Haubold Marschall von Bieberstein das Haus. Später kaufte es Apotheker Christian Friedrich Zepernick, der hier eine Apotheke einrichtete. Es befand sich dann sehr lange in Familienbesitz, woher auch der alte Beiname „Zepernick'sches Haus" rührt. Zur Zeit der Entstehung der historischen Aufnahme Ende des 19./Anfang des 20. Jahrhunderts wurde das Haus als Eisenwarenhandlung betrieben. Im 20. Jahrhundert nutzte man das Gebäude vorwiegend für kulturelle Zwecke. Heute beherbergt es die Tourist-Information.

Am Ursprung der Schokoladenfabrik

Das historische Foto, aufgenommen im Kreuzungsbereich Alte Promenade (heute Universitätsring)/Große Ulrichstraße, zeigt die Geiststraße bis zur noch heute bestehenden Adler-Apotheke. Das alte Fachwerkhaus links beherbergte die Konditorei sowie Honigkuchen- und Schokoladenfabrik David. Die damals sehr angesehene Firma war hier ab 1804 ansässig. Neben Torten und Honigkuchen gehören auch Eis und vor allem Schokoladenprodukte zum Sortiment. 1870 eröffnete das „Café David" mit ca. 1.400 Sitzplätzen seine Pforten. Das Café, mit einem großen Orchesterpavillon, einem Springbrunnen und Kolonnaden ausgestattet, wurde zu einem beliebten halleschen Treffpunkt. 1896 wurde die Davidsche Schokoladenfabrik in die „Aeußere Delitzscher Straße" verlegt. Dieser Standort ist bis heute der Firmensitz des Unternehmens. Die Schokoladenprodukte des Familienunternehmens sind unter dem Markennamen „Mignon" weit über die Stadtgrenzen hinaus beliebt. Das Familienunternehmen wurde zu DDR-Zeiten enteignet. 1952 wurden hier die berühmten halleschen „Original

Halloren Kugeln“ erfunden. Das sanierte fünfstöckige Gebäude mit der turmartigen Eckgestaltung entstand 1911/13 und repräsentiert noch heute den Straßenbeginn. Gegenüber dem „Café David“ an der Ecke zur Scharrenstraße befand sich ein ebenso charmantes Fachwerkhaus, das im Jahr 1988 – kurz vor der Wende – dem Abrissbagger zum Opfer fiel. Weitere Gebäude entlang der Geiststraße wurden ebenfalls abgerissen und an ihrer Stelle moderne Plattenbauten errichtet.

Ein Platz für Herrn Reil

Die Bezeichnung „Reileck" tauchte das erste Mal offiziell im Jahr 1948 in den Geschichtsbüchern und Tageszeitungen auf. Viele Hallenser verwendeten den Begriff aber schon seit den frühen 1920er-Jahren. Namensgebend für den Platz ist der berühmte hallesche Mediziner Johann Christian Reil. Er war einer der bedeutendsten Ärzte seiner Zeit und gilt als Begründer der modernen Neurologie und Psychiatrie. 1787 wurde er zum Professor der Medizin an der Universität Halle und bereits ein Jahr später zum Direktor des Klinikums sowie zum Stadtphysikus ernannt. Das Reileck ist seit der Jahrhundertwende ein moderner urbaner Verkehrsknotenpunkt. Auf der historischen Aufnahme ist links die Mohren-Apotheke zu sehen, das wohl markantestes Haus am Platz. Zwischen zwei Fenstern des ersten Stockwerks

ziert der Heilige Mauritius das Gebäude bereits seit dem Bestehen der Apotheke 1894 als Schutzheiliger. Seit etwa 1250 wurde Mauritius in der Ikonografie als Mauretanier mit dunkler Hautfarbe dargestellt. Er galt unter anderem als Schutzpatron aller Handwerker und Krämer, der bei Ohrenleiden, Besessenheit, Gicht und kranken Kindern angerufen wurde. Rechts neben der Apotheke befand sich die Lithographische Anstalt von Carl Wernecke, aus der später der VEB Gravo Druck hervorging. Über 100 Jahre lang wurden hier Bücher, Werbeplakate und Postkarten gedruckt, bevor – wie so oft – die Wende die Insolvenz herbeiführte. Fast 30 Jahre verfiel das Gelände, nun entsteht hier ein neues modernes Wohnquartier.

Da steht eine Burg überm Tale

Einer der schönsten Orte in Halle ist zweifelsohne die Burg Giebichenstein. Sie ist ein historisches Juwel, erstmals 961 von Otto I. erwähnt. Als Residenz der Magdeburger Erzbischöfe war sie im 11. und 12. Jahrhundert eine bedeutende Burg im Heiligen Römischen Reich. Friedrich I. Barbarossa rief 1175 eine Fürstenversammlung auf der Burg ein. Nach einer Erweiterung im 15. Jahrhundert verlor die Burg an Bedeutung und wurde nach einem Brand im Dreißigjährigen Krieg nicht wiederaufgebaut. Von der mittelalterlichen Anlage sind daher nur noch

Reste erhalten. Die Oberburg dient heute als Architektur- und Freiluftmuseum. Die Unterburg beherbergt seit 1915 die Kunstgewerbeschule Burg Giebichenstein, eine der bis heute bedeutendsten Kunsthochschulen Deutschlands.

Am Fuße des Giebichensteins gab es seit jeher eine Fähre, die Passagiere mit Kähnen übersetzte. Eine hölzerne Brücke aus dem 14. Jahrhundert konnte der reißenden Saale nicht standhalten. 1892 wurde eine massive eiserne Stahlfachwerkbrücke errichtet. Jedoch war sie sehr unansehnlich und störte das romantische Landschaftsbild so sehr, dass 1928 eine neue Brücke (links) erbaut wurde. An den Seiten des Hauptbogens stehen die typischen Tierskulpturen als Eisbrecher: auf dem Giebichensteiner Ufer ein Pferd und auf dem Kröllwitzer Ufer eine Kuh. Diese Symbole repräsentieren die Verbindung zwischen dem ländlichen Kröllwitz und dem städtischen Giebichenstein. Die Skulpturen stammen von Gerhard Marcks.

Halles botanische Oase

Auf dem Gelände des ehemaligen Klostergartens der Augustiner-Chorherren des Klosters Neuwerk legte der Medizinprofessor und königliche Leibarzt Georg Ernst Stahl kurz nach Gründung der Halleschen Universität 1698 die ersten Beete als Arzneigarten an. Die eigentliche Gründung des Botanischen Gartens folgte gut 100 Jahre später mit dem Ankauf von Grund und Boden des ehemaligen Klostergartens. Im Jahr 1799 wuchsen im Botanischen Garten bereits etwa 3.000 Pflanzenarten, heute sind es rund 12.000. Sehenswert ist die auf der historischen Aufnahme zu sehende Sternwarte, die 1788 auf dem Gelände des Botanischen Gartens errichtet wurde. Für den Funktionsbau konnte Carl Gotthard Langhans als Architekt gewonnen werden, der schon damals prominent war. Ein Jahr später begann er sein bekanntestes Werk, das Brandenburger Tor in Berlin.

Das imposante Große Tropenhaus wurde 1872/73 erbaut. Es bestand aus einem Eisenskelett, in dem relativ kleine Glasscheiben eingesetzt waren. Ursprünglich befanden sich zwei Anbauten an der Ost- und Westseite des Gewächshauses, die bei der Rekonstruktion im Jahr 1988 nicht erneuert wurden. Die erste Rekonstruktion war aber bereits 1938 fällig, als das Eisenskelett und die Heizungsrohre des Hauses völlig verrostet waren. Bei dieser Sanierung wurde die ursprüngliche Stahl-Glas-Konstruktion durch eine Holz-Glas-Konstruktion ersetzt, die bei der Rekonstruktion im Jahr 1988 beibehalten wurde. Anfang des 21. Jahrhundert erfolgte eine erneute Restaurierung. 2023 feierte der Botanische Garten Halle sein 325. Jubiläum.

Hamburg, Geld & Cyberagentur

Der Blick vom Joliot-Curie-Platz in Richtung Große Steinstraße ist fast unverändert geblieben, wobei die Silhouette des Roten Turms auf dem Marktplatz zentral ins Auge fällt. Linker Hand erstreckt sich seit 1952 das Institut der Wirtschaftswissenschaften der Martin-Luther-Universität. Hier war zuvor über Jahrzehnte hinweg das renommierte Hotel „Stadt Hamburg" ansässig, in dem sich der herausragende Kabarettist Joachim Ringelnatz im Jahr 1928 mit einer ironischen Hommage an das Hotel und die Stadt Halle verewigte: „Wenn du nach Halle gehst, / Dann geh nach Hamburg, / Wenn du von gutem Leben etwas verstehst. / Wenn du nach Halle reist, / Magst du zuvor mich fragen. / Ich kann dir manches sagen, / Was du vielleicht nicht weißt. (...)."

Das gegenüberliegende Eckhaus war den Hallensern ab 1936 als „Zahnklinik“ bekannt. Erbaut wurde das beeindruckende Gebäude im Jahr 1867, wie eine Inschrift über dem Portaleingang verkündet: „L. Lehmann / In uns ist keine Macht, mit Gott wollen wir Thaten thun. / Anno 1867.“ Dieser prachtvolle Bau, geprägt vom klassizistischen Stil, wurde von der angesehenen Bankiersfamilie Lehmann errichtet. Später wurde das Gebäude von der Martin-Luther-Universität als zahnmedizinisches Universitätsklinikum genutzt. Heute beherbergt es die Agentur für Innovation in der Cybersicherheit der Bundesregierung, die 2020 gegründet wurde. Im Jahr 2023 beschloss man, dauerhaft in Halle zu verbleiben.

Das verlorene Thalhaus

Unterhalb der Marktkirche, am heutigen Hallmarkt, befand sich einst nicht nur die Saline mit ihren vier Salzbrunnen und etwa einhundert Siedehütten, sondern auch das sogenannte Thalhaus. Das Thalhaus war der Sitz des „Thalgerichts", geführt durch den Salzgrafen im Auftrag des Landesherrn. Das Thal hatte eigene Rechtsinstanzen und befasste sich mit Salzangelegenheiten, Verwaltung, Straftaten und Lehen. 1594 wurde das Gerichtszimmer erbaut. Zwischen 1607 bis 1616 wurde das Thalhaus erweitert und erhielt seine charakteristische Form mit Zwerchhäusern und Erkern. Mit dem Übergang des Erzstifts Magdeburg an Brandenburg-Preußen nach 1680 verlor das Talgericht an Bedeutung. Im Jahr 1882 wurde das Thalhaus abgerissen und der heutige Hallmarkt als Platz errichtet. Bebaut wurde der Platz mit gründerzeitlichen Wohn- und Geschäftshäusern. Die Museumsgeschichte des Thalhauses begann, als die Zimmer in die Moritzburg integriert wurden. 1904 wurde ein Nachbau des Thalhauses in musealer Umgebung eingeweiht, als Teil der „Museumsburg". Der zugrundeliegende Entwurf stammt vom Stadtbaurat Karl Rehorst und ist eine freie Weiterentwicklung des Originals. Neben dem Gerichts- und Festzimmer des Thalhauses wurden in diesem Bau auch andere aus halleschen Häusern geborgene Ausstattungen und Portale eingebaut. Am Ende ist diese „Rekonstruktion" eine Hommage an das verlorene Thalhaus am Hallmarkt und zeugt davon, dass Halle den Verlust – ähnlich wie den des alten Rathauses am Marktplatz – nie ganz überwunden hat.

Kühner neuer Campus

Der Agrarwissenschaftler Julius Kühn (1825–1910) ließ hier vor mehr als 150 Jahren einen Nutzpflanzen- und einen Haustiergarten anlegen. Er wollte durch die Präsentation möglichst vieler Haustierrassen und ihrer Domestikation die Lehre der Tierzucht veranschaulichen. Es entstanden Stallanlagen für Schweine, Schafe, Esel, Ziegen, Gänse, Enten und Hühner sowie für Pferde. Bis zu 1.000 Tiere sollen auf dem Gelände gelebt haben. Kühn gründete den ersten Lehrstuhl für Landwirtschaft in Deutschland und entwickelte als Institutsdirektor eine landwirtschaftliche Bildungsstätte, die heute noch die Grundlagen der Agrarwissenschaft prägt. Die Gebäude von Kühns Institut einschließlich der sehenswerten, mittlerweile sanierten Hörsäle sind bei der Neugestaltung der Fläche erhalten geblieben. 2010 zog das Institut für Agrar- und Ernährungswissenschaften der Martin-Luther-Universität Halle-Wittenberg nach Heide-Süd. Die Zukunft des Areals war zunächst ungewiss. Schon mehr als ein Jahrzehnt gab es Überlegungen, die in der Stadt verstreuten, geisteswissenschaftlichen Institute der halleschen Universität zu einem Campus zu vereinigen. Sechzehn verschiedene geisteswissenschaftliche Disziplinen sind nun auf dem Campus vereint, von Altertumswissenschaften, Japanologie, Philosophie bis zu Politikwissenschaften. Ins Auge fällt der fast 18 Meter hohe „Bücher-Kubus“, ein architektonisches Highlight, der vom halleschen Büro DÄRR Landschaftsarchitekten entworfen wurde. Siebzehn verschiedene Fachbestände sind in der größten Zweigbibliothek der Universitäts- und Landesbibliothek zentral an einem Ort zu finden.

Im Namen des Volkes

Der Hansering, zur Entstehungszeit des Landgerichtes als Poststraße bekannt und zwischenzeitlich unter anderem auch als Preußenring geführt, zählt zweifellos zu den interessantesten Straßen Halles. Hier steht das beeindruckende, vierflügelige Gerichtsgebäude, dessen Architekten die preußischen Baumeister Paul Thoemer, tätig im Ministerium der öffentlichen Arbeiten in Berlin, und Karl Illert aus Halle waren. Die Bauzeit erstreckte sich über vier Jahre und die Einweihung des prachtvollen Hauses erfolgte am 1. Oktober 1905. Es wurde weder beim Hausschmuck noch bei der opulenten Innengestaltung gespart. Die wohlproportionierten Fassaden werden von zwei 50 Meter hohen Türmen flankiert, während eine Kuppel über dem leicht vorgestellten Mitteltrakt dem Gebäude zusätzliche Erhabenheit verleiht. Die Hauptfassade zum Hansering wird durch die beiden Ecktürme und den Mittelrisalit mit dem Dreiecksgiebel geprägt, der von den Skulpturen Justitia (Gerechtigkeit), Veritas (Wahrheit) und Sapientia (Weisheit) gekrönt wird. Die Erker an der Hauptfassade ziert eine Vielzahl von Rechtsgelehrten in den Brüstungsfeldern, dazu zählen Carl Gottlieb von Suarez, Christian Thomasius, Jakob Grimm, Heinrich Eduard von Pape, Oscar Küntzel und Gottlieb Planck. Die Reliefs darunter symbolisieren eindrucksvoll Weisheit, Stärke, Gerechtigkeit und Liebe. In Richtung der anderen Straßen repräsentieren Tierszenen fabelhaft die Tugenden und Laster der Menschen. Nach Jahrzehnten des Verfalls erstrahlt das Landgericht Halle heute wieder in seiner ganzen architektonischen Pracht.

Ein Meisterwerk für die Toten

Der Stadtgottesacker in Halle ist ein herausragendes Zeugnis historischer Friedhofskunst. Er wurde nach dem Vorbild der italienischen Camposanto-Anlagen errichtet und gilt als ein Meisterwerk der Renaissance. Seine Ursprünge reichen zurück bis ins Jahr 1557, als der renommierte hallesche Ratsbaumeister und Steinmetz Nickel Hoffmann die erste Grabbogenanlage initiierte. Auf dem historischen Foto ist das prächtige Eingangstor, ein Torturm mit Volutengiebel und Laterne, zu sehen. Es wurde 1590 geschaffen und ist seither das markante Portal zu diesem Friedhof. Das Innere des Turms beherbergt ein Reliefporträt von Nickel Hoffmann. Ein weiterer Höhepunkt der architektonischen Meisterleistungen sind die 94 kunstvoll verzierten Bögen, die 1594 fertiggestellt wurden und die den Friedhof umgebende Mauer in Form offener Arkaden schmücken. In diesen Arkaden befinden sich die Grüfte einflussreicher Persönlichkeiten, einst verschlossen durch kunstvolle Gitter aus Eisen oder Holz. Jede Grabnische präsentiert sich wie eine kleine Kapelle. Über einen Zeitraum von etwa 40 Jahren wurde der Stadtgottesacker zu einer einzigartigen Begräbnisstätte auf dem Martinsberg, der damals außerhalb der Stadttore lag. Im Lauf der Jahrhunderte fanden hier bedeutende Persönlichkeiten ihre letzte Ruhestätte. In den 1980er-Jahren gelang es engagierten Bürgern aus Halle, die Anlage vor dem drohenden Verfall zu retten. Unmittelbar nach der politischen Wende begann eine umfassende Restaurierung, die durch eine großzügige Spende in Höhe von 6 Millionen Euro von der Familie Witte ermöglicht wurde.

Halles berühmtester Sohn

BIRTHPLACE OF HANDEL, AT HALLE, SAXONY.—FROM A PHOTOGRAPH BY MR. C. KLINGEMANN.

Die Ursprünge des heutigen Händel-Hauses stammen aus dem 15. und 16. Jahrhundert. Das Gebäude zeigt architektonische Elemente aus verschiedenen Epochen. Georg Händel (1622–1697), der Vater von Georg Friedrich Händel, kaufte 1666 die damalige Gastwirtschaft „Zum Gelben Hirschen". Hier betrieb er, neben seiner Haupttätigkeit als Leibchirurg für den Kurfürsten August von Sachsen, eine Weinwirtschaft. 1682 brach die Pest erneut über Halle herein und forderte über 5.000 Tote, darunter auch seine Frau Anna. Als 61-jähriger Witwer wagte er einen Neuanfang und heiratete die 32-jährige Pfarrerstochter Dorothea Taust, die als zweiten Sohn am 23. Februar 1685 den Komponisten Georg Friedrich Händel gebar. Er lebte hier 18 Jahre. Im Laufe der folgenden Jahrhunderte kam es zu häufigen Besitzerwechseln und Umbauten, bevor das Gebäude 1937 von der Stadt Halle erworben und als Musikmuseum genutzt wurde. Die seit 2009 präsente Dauerausstellung „Händel – der Europäer" bietet einen Überblick über Händels Karriere. Das Museum beherbergt eine beeindruckende Sammlung historischer Musikinstrumente, Noten, Handschriften und Gemälde sowie eine umfangreiche Porträtsammlung des Komponisten. Es wurde 2001 als kultureller Leuchtturm anerkannt und 2007 in eine Stiftung umgewandelt. Die Musikinstrumentensammlung mit etwa 750 Einzelstücken umfasst eine Vielfalt von Instrumenten aus verschiedenen Epochen. Das Museum ist Veranstaltungsort für Konzertreihen, die von traditioneller Hausmusik bis zu modernen Musikstilen reichen, und bietet Raum für wissenschaftliche Konferenzen.

Flamme der Revolution

Anfang des 20. Jahrhunderts entstand am heutigen Hansering (damals Poststraße) eine repräsentative Gedenkanlage für Kaiser Wilhelm mit Statuen von Bismarck und Moltke. Nach dem Ersten Weltkrieg war das Denkmal politisch umstritten. 1922 verübten Kommunisten einen Sprengstoffanschlag und zerstörten Moltkes Statue, was zu einer Gegenbewegung führte. Konservative Kräfte sorgten für die Wiederherstellung und die Wiedereinweihung am 11. Mai 1924 wurde zum nationalistischen „Deutschen Tag". Nach 1945 wurden viele Denkmäler, darunter auch das Kaiser-Wilhelm-Denkmal, zerstört. Der Abriss erfolgte bis 1947, begründet wurde er mit dem Materialbedarf für den Wiederaufbau. Der Standort wurde später für verschiedene Denkmäler genutzt. 1948 entstand ein Denkmal für die Opfer des Faschismus, 1967 wurde das Fahnenmonument anlässlich des 50. Jahrestages

der Oktoberrevolution errichtet. Das historische Foto zeigt den Platz, wie er in der DDR für Aufmärsche und Reden genutzt wurde. Die dazugehörige Rednertribüne trug die Aufschrift „Unser Leben erhalten und es schöner gestalten". Das Fahnenmonument, auch „Flamme der Revolution" genannt, besteht aus dünnem Stahlbeton und ist dreifach gewunden. Durch die Windung wird der Eindruck einer wehenden Fahne erweckt. In den 1990er-Jahren wurde der Platz erneut umgebaut. Im Oktober 2004 wurde das Denkmal in seiner jetzigen bunten Gestalt neu präsentiert. Die Gestaltung übernahm der hallesche Künstler Steffen Olaf Rumpf. Die Fahne zeigt nun auf der geschwungenen Form das Bild der Milchstraße und die kosmische Hintergrundstrahlung. Das mittlere Band stellt unsere Galaxie dar. Der rote Hintergrund symbolisiert das gesamte Universum.

Schöne neue Warenwelt

Mit dem Einsetzen der Industrialisierung im 19. Jahrhundert und dem damit verbundenen wirtschaftlichen Aufschwung erhöhte sich das Einkommen der Bevölkerung in Halle. Dies führte zu einer gesteigerten Nachfrage nach Waren und veränderte die Bedeutung des Einkaufens grundlegend. Diese Entwicklungen hatten Auswirkungen auf die Straßenstruktur, insbesondere auf die Große Ulrichstraße. Sie spielte als Hauptverkehrsader einst eine zentrale Rolle. Im Verlauf des 20. Jahrhunderts wurden hier mehrere moderne Kaufhäuser errichtet. Die Architektur passte sich ebenfalls den neuen Anforderungen der aufkommenden Konsumgesellschaft an. Die Nachfrage nach großflächigen Schaufenstern führte ab etwa 1890 zur Entstehung der ersten Kaufhäuser in Halle. Die Fassaden präsentierten sich mit eleganten Eisenrahmen, die von großflächigen Schaufenstern durchzogen waren. Allerdings lasteten die massiven oberen Etagen schwer auf den filigranen Untergeschossen. Kritiker bezeichneten diese Architektur als „Architektur auf Stelzen" oder als „Glasflächenseuche". Ein bemerkenswertes Beispiel hierfür ist das abgerissene gründerzeitliche Wohn- und Geschäftshaus Loewendahl (rechts), bei dem die Proportionalität im Vergleich zum späteren an dieser Stelle errichteten Kaufhaus Assmann (links) deutlich wird. Letzteres wurde 1912 nach den Plänen des Architekten Gustav Wolff errichtet. Der Turmbau mit Kuppel und neoklassizistischer Rasterfassade dominiert die Straße und prägt den Platz vor dem Neuen Theater bis heute.

Letzter Stadtmauerturm

Der Leipziger Turm ist der letzte erhaltene von etwa 40 Türmen der ehemaligen mittelalterlichen Wehranlagen. Mit einer Höhe von 44 Metern ist er zudem der höchste unter ihnen. Die Notwendigkeit der beträchtlichen Höhe wird deutlich, wenn man bedenkt, dass sich dahinter eine Anhöhe befand, die einst als Galgenberg bekannt war. Über diesen Berg, der heute als Riebeckplatz bekannt ist, verlief eine bedeutende Handelsstraße nach Leipzig. Um den Galgenberg zu überblicken und mögliche Gefahren frühzeitig zu erkennen, wurde der Turm mit dieser Höhe errichtet. Neben dem Turm stand das Galgtor, das erste von sechs historischen Stadttoren. Seine Außenmauern mit einer Dicke von fast drei Metern bestehen aus Bruchsteinen. Im Jahr 1573 erhielt der Turm, auch als „runder Turm" bekannt, seine charakteristische Renaissance-Haube. Die gut sichtbare Uhr am Turm dürfte dazu beigetragen haben, dass er beim Abriss der mittelalterlichen Stadtbefestigungsanlagen Anfang des 19. Jahrhunderts verschont blieb, da öffentliche Uhren zu dieser Zeit noch selten waren.

Lass Gras drüber wachsen

Das gut erhaltene Graseweghaus in der Großen Klausstraße 4 in Halle gilt als eines der schönsten Fachwerkhäuser Deutschlands. Die geschichtliche Betrachtung des Graseweges offenbart jedoch auch eine weniger angenehme Facette.

Von der Pestepidemie im Jahr 1348 blieb die Stadt Halle nicht verschont. Die Auswirkungen auf die Bevölkerung waren verheerend, denn etwa die Hälfte der Einwohner fiel der Seuche zum Opfer. In einem Versuch, die Krankheit einzudämmen, wurden gesunde und kranke Bewohner voneinander getrennt. Dabei wurde der Stadtteil um das Graseweghaus durch eine Mauer abgegrenzt und die Kranken wurden ihrem Schicksal überlassen. Legenden berichten, dass für ganze zehn Jahre niemand das Gebiet hinter dieser Mauer betreten hat. Das Gebäude, in dessen Erdgeschoss sich seit 2023 eine bekannte Chocolaterie befindet, erhielt seinen Namen wohl nicht zufällig. Als die Bürger Halles das Gebiet nach Ablauf der langjährigen Isolierung wieder betraten, so die alte Sage, war alles mit Gras überwachsen.

Das Graseweghaus wurde um 1600 erbaut und sollte 1976 abgerissen werden, um Platz für Plattenbauten zu schaffen. Dank des Engagements hallescher Bürger konnte das Bauwerk jedoch gerettet und in den 1980er-Jahren erstmals saniert werden. Eine umfassende Restaurierung erfolgte im Jahr 2016, die aufgrund erheblicher Schäden am Fachwerk ungefähr 1,3 Millionen Euro gekostet haben soll. Heute zählt das Graseweghaus zu den bekanntesten Fachwerkhäusern der Stadt, von denen noch einige weitere in der Innenstadt erhalten sind.

Der Dom: schlichter Prachtbau

Die Dominikanerkirche St. Paul zum Heiligen Kreuz wurde 1271 gegründet und um 1330 fertiggestellt. Als schlichte dreischiffige Hallenkirche ohne Turm und Querhaus entsprach sie den Regeln des Bettelordens. Ab 1520 erfolgte eine äußerliche Umgestaltung durch Kardinal Albrecht von Brandenburg. Unter Albrecht erlangte die Kirche aufgrund ihrer prächtigen Innenausstattung, gestaltet von Künstlern wie Matthias Grünewald und Lukas Cranach d. Ä., große Bedeutung. Die Reformation zwang Albrecht 1541 zum Verlassen von Halle und die Ausstattungsstücke wurden nach Aschaffenburg gebracht. Später diente die Kirche als Hof- und Schlosskirche. Ab Mitte des 17. Jahrhunderts erhielt der Dom ein frühbarockes Aussehen. Nach 1680 wurde er den Evangelisch-Reformierten als Gemeindekirche zugeordnet. Georg

Friedrich Händel war hier von 1702 bis 1703 Organist. Renovierungen, Restaurierungen und Erneuerungen prägten den Dom über die Jahrhunderte. 1851 wurde die Barockorgel durch ein neues Instrument ersetzt. Von 1883 bis 1896 erfolgte eine Regotisierung des Innenraums. Zwischen 1957 und 1959 wurden Außenmauern und Innenraum renoviert und 1996 begann eine umfassende Sanierung. Der Dom, ein Gesamtkunstwerk der Spätgotik und Frührenaissance, prägt mit gotischer Architektur und Kunstschätzen den Domplatz und die Stadtgeschichte von Halle. Die Kanzel von 1526 zeigt Kirchenväter und Briefschreiber. Der Schaualtar und die Emporen stammen aus der Zeit der Nutzung als Hof- bzw. Schlosskirche. Die bemerkenswerte Akustik macht den Dom zu einem beliebten Veranstaltungsort für Konzerte und Theater.

Wohnen in der „Tripperburg“

Hinter den renovierten Fassaden, dem sanierten Innenhof und im restaurierten Treppenhaus verbirgt sich in den Grundfesten eines der ältesten Gebäude der Stadt und zugleich eines der dunkelsten Kapitel in der Geschichte von Halle. Das Bürgerhaus in der Kleinen Klausstraße 16 wurde im Jahr 1532 als Hofanlage errichtet und diente sowohl als Wohnhaus als auch als Gasthof mit dem Namen „Zum Kronprinzen". 1692 erwarb der Jurist Samuel Stryk das Gebäude und es wurde als „Strykscher Hof" bekannt. Über zwei Jahrhunderte wurde das gesamte Anwesen als Gasthof und später Hotel genutzt, war Zeuge zahlreicher gesellschaftlicher Ereignisse und entwickelte sich zum ersten Haus am Platz. Nach 1816 fanden hier Konzert- und Theatervorstellungen statt, u.a. gastierten hier auch Clara Wiek und Franz Liszt. Im Jahr 1899 wurde das Haus verkauft und zu einem Evangelischen Vereinshaus und Hospiz umgebaut, wobei der Hotelbetrieb fortgesetzt wurde. Während des Ersten Weltkriegs diente der Komplex als Lazarett. Im Jahr 1921 erfolgten weitere Umbauten durch die AOK, die das gesamte Gelände schließlich zur Poliklinik Mitte umgestaltete. Während der DDR-Ära erlangte das Haus als „Tripperburg" traurige Berühmtheit. In einer Station der Poliklinik wurden bis zu 5.000 Frauen zu Unrecht festgehalten und unter dem Vorwand, dass sie geschlechtskrank seien, mit Medikamenten ruhiggestellt. Die Mädchen und Frauen auf den Stationen erfuhren sowohl körperliche als auch psychische Demütigungen. Nur eine kleine Gedenktafel erinnert heute an diese schrecklichen Geschehnisse.

Ort der Himmelsscheibe

Das 1918 eröffnete Landesmuseum für Vorgeschichte am heutigen Rosa-Luxemburg-Platz war das erste Spezialmuseum für Vorgeschichte in Deutschland. Es liegt in einem um 1900 entstandenen Wohnviertel, in dem sehr stilvolle, repräsentative und bis heute gutbürgerliche Häuser und Villen vorherrschen. Die archaisch wirkende Architektur des Museumsbaues kommt nicht von ungefähr. Mit seiner Architektur greift der Komplex sowohl römisch-klassizistische als auch mittelalterliche Stilelemente auf. Die bastionsartig anmutenden Rundtürme erinnern dabei an die Moritzburg. Mit der Errichtung des Gebäudes schuf sich der Architekt Wilhelm Kreis seinen weithin bekannten Ruf als gefragter Museumsarchitekt. Weltweite

Berühmtheit erlangte das Museum als Heimstätte der Himmelsscheibe von Nebra. Die Himmelsscheibe ist einer der bedeutendsten archäologischen Funde des vergangenen Jahrhunderts und Zeugnis für das Wissen unserer Vorfahren vor mehr als 3.600 Jahren. Sie gehört zu einem Bronzeschatz, den Sondengänger 1999 auf dem Mittelberg bei Nebra illegal ausgruben. Jeder, der die Bronzescheibe zum ersten Mal betrachtet, sieht sofort Sonne, Mond und Sterne. Mit einem Durchmesser von etwa 32 Zentimetern zeigt die Himmelsscheibe die wohl älteste konkrete Darstellung astronomischer Phänomene und ist seit 2008 in der Dauerausstellung des Landesmuseums zu sehen.

Wo die Kunst zu Hause ist

Die Geschichte des modernen Kunstmuseums begann bereits 1869 mit der Einstellung des Salzsiedens am Hallmarkt und dem Abriss des historisch bedeutenden Thalamts, des Amtshauses der Pfänner und Halloren. Eine Replik wurde im Innenhof der Moritzburgruine errichtet. Unter der Leitung von Max Sauerland wurde ein Kunstgewerbemuseum eröffnet. Sauerland und sein Nachfolger Alois Schardt bauten in den 1920er-Jahren eine moderne Kunstsammlung auf, welche die Moritzburg in die deutsche Museumswelt führte. Trotz Kontroversen setzte Sauerland die Sammlungstätigkeit fort, insbesondere im Bereich der expressionistischen Kunst. Die Nationalsozialisten stoppten die Museumsentwicklung abrupt, da expressionistische Kunst als „entartet“ galt. Die Sammlung wurde fast vollständig zerstört.

Nach dem Zweiten Weltkrieg versuchte das Museum an seine frühere Blütezeit anzuknüpfen und holte zahlreiche Werke der klassischen Moderne zurück. Nach der Wende verließen die meisten Mieter die Räume der Moritzburg, was dem Museum völlig neue Entfaltungsmöglichkeiten bot. Die historischen Räume waren jedoch nicht mehr zeitgemäß für zeitgenössische Kunstpräsentationen. Zwischen 2005 und 2008 wurde der Westflügel, der seit dem Dreißigjährigen Krieg eine Ruine war, zusammen mit dem Nordflügel zu einem postmodernen Erweiterungsbau umgestaltet. Ein architektonisches Highlight des 21. Jahrhunderts ist die unregelmäßig gefaltete, futuristische Aluminium-Dachkonstruktion. Die Neugestaltung hat Halle um eine spektakuläre Attraktion bereichert.

Tor! 100 Jahre Stadion Halle

Im Mai 1923 wurde das Stadion am Gesundbrunnen in Halle feierlich eröffnet. Der renommierte Architekt Wilhelm Jost, bekannt für Projekte wie das Stadtbad in Halle, wurde mit der Gestaltung des Stadions beauftragt. Die ursprüngliche Arena wurde ab 1935 erweitert und 1936 mit einer Kapazität von 35.000 Zuschauern als Mitteldeutsche Kampfbahn eingeweiht. Nach dem Zweiten Weltkrieg erfolgte eine Namensänderung von Horst-Wessel-Kampfbahn zu Kurt-Wabbel-Stadion, benannt nach dem im KZ getöteten Widerstandskämpfer und KPD-Politiker. Neben politischen Veranstaltungen fanden hier bedeutende Fußballspiele, wie das Duell zwischen Turbine Halle und dem Hamburger SV im Jahr 1951, statt. Das Stadion war zudem Austragungsort von Friedensfahrten und Boxveranstaltungen sowie Konzerten von Aerosmith und Rod Stewart in den 90er-Jahren. Nach Renovierungen im Jahr 1961 und der Installation von Flutlichtanlagen 1969 fanden von 1975 bis 1988 fünf DDR-Länderspiele sowie Europapokal- und FDGB-Pokalendspiele statt. 1995 spielte der

FC Bayern München vor 16.200 Zuschauern im Stadion gegen den Halleschen FC. Seine schwärzeste Stunde erlebte das Stadion 1997, als sich dort vor einem Stadtderby gegen den VfL Halle 96 ein tragisches Fallschirmunglück ereignete, bei dem insgesamt vier Menschen ums Leben kamen. Im Jahr 2008 entschied die Stadt, das Stadion abzureißen, um Platz für einen Neubau zu schaffen. 2011 feierlich eröffnet, trug es zehn Jahre lang den Namen Erdgas-Sportpark und erlebte 2012 den Aufstieg des HFC in die 3. Liga. 2021 bekam es den Namen Leuna-Chemie-Stadion.

Ein trauriger Palast

Der ehemalige Stadtpalast erstreckt sich vom Marktplatz entlang der Gasse Kühler Brunnen bis zur Großen Nikolaistraße. Der bedeutende Palast der Frührenaissance wurde im 16. Jahrhundert von dem reichen halleschen Kaufmann Hans von Schönitz erbaut und umfasst die Häuser Markt 15 und 16. Der Palast umfasst zwei Innenhöfe. Namhafte Künstler wie Lucas Cranach d. Ä. und Matthias Grünewald trugen zur Ausstattung bei. Trotz der Inschrift von

1531 wurde das Haupthaus nicht neu gebaut, da die Giebelwand von dem Haus Markt 15 aus dem Jahr 1512 stammt. In den Jahren bis 1532 entstanden weitere Flügel, darunter eine Galerie und ein Küchenbau. Andreas Günther, erzbischöflicher Werkmeister, vollendete den Saal- und Arkadenbau nach Schönitz' Verhaftung 1534, die am Galgen endete. Häufige Besitzerwechsel brachten in den folgenden Jahrhunderten viele Veränderungen mit sich. Bis 1912 entstanden nach und nach Wohnungen und das ganze Ensemble wurde getrennt. Das Torhaus, das mit dem Arkadenbau eine Einheit bildete, wurde 1964 beseitigt. In den 1970er- und 1980er-Jahren sollte das gesamte noch erhaltene Areal wieder zusammengeführt und zu einer kulturellen Einrichtung des Verbandes der bildenden Künstler und Architekten des Bezirkes Halle saniert und ausgebaut werden. Die Rückübertragung nach der Wende in Privateigentum setzte dem jedoch ein bisher trauriges Ende. Im Jahr 2005 wurde in der Nordwestecke des Komplexes die Gaststätte „Hallesches Brauhaus" eröffnet, teilweise unter Verwendung historischer Gebäudeteile (Biergarten, rechtes Foto).

Ungewisse Zukunft

Im Sommer 2024 feierte Halle-Neustadt sein 60-jähriges Bestehen. Die Geschichte dieses größten halleschen Stadtteils ist geprägt von Planungen, die weit in die 1920er-Jahre zurückreichen. Konkret wurde das Projekt jedoch erst 1958, als sich eine SED-Konferenz auf das „Chemieprogramm der DDR“ konzentrierte und zu dem Beschluss kam, Tausende Arbeiter in der Nähe der Chemiestandorte Buna und Leuna anzusiedeln. Die Grundsteinlegung erfolgte am 15. Juli 1964. Halle-Neustadt entwickelte sich rasch zu einer der größten Wohnsiedlungen Deutschlands. 1967 wurde es eine eigenständige Stadt und die Bevölkerung wuchs bis 1981 auf etwa 90.000 Einwohner. Nach der Wiedervereinigung 1990 wurde Halle-Neustadt in Halle eingegliedert. In den folgenden Jahren gab es städtebauliche Neuerungen und man begann ab 2003 mit dem Abriss einiger Häuser, auch aufgrund von Bevölkerungsrückgängen und Leerständen. Mit einer Einwohnerzahl von etwa 45.000 und enormen Herausforderungen bei der Nutzung der Häuser bleibt die Zukunft des Stadtteils problematisch. So stehen vier der fünf direkt im Zentrum von Neustadt gelegenen Hochhäuser – die Silhouette von Halle-Neustadt oder auch liebevoll „Scheiben" genannt – leer und wirken trostlos. Sie bilden aber das architektonische Rückgrat der inneren Neustadt. Bemühungen und Versprechungen von Investoren und Bauträgern gab und gibt es zuhauf, aber wann sie wirklich endgültig saniert werden und wie es mit dem Rest der ehemaligen Arbeiterstadt weitergeht, bleibt ungewiss.

„St. Moritz das schönste Gebäude“

Ein alter hallescher Spruch besagt: „St. Marien das schönste Geläute, St. Ulrich das schönste Geschmeide, St. Moritz das schönste Gebäude“. Die heute im Stadtbild etwas versteckte Kirche gilt als ein Schlüsselwerk der spätgotischen Hallenbaukunst im sächsischen Raum. Ursprünglich dem Augustiner-Chorherrenstift St. Moritz zugehörig und Pfarrkirche der Pfänner, entstand der Vorgängerbau im 11. Jahrhundert. 1388 begann man mit dem Neubau, als die Pfänner zu Macht und Reichtum kamen. Nach der Auflösung des Augustiner-Chorherrenstifts im Jahr 1520 übernahmen Dominikaner-Mönche das Gebäude. Der Ostteil, der der Stadt zugewandt ist, wurde im ersten Bauabschnitt im spätgotischen Stil errichtet, was auf den Reichtum des Stiftes und der Pfänner im 14. und 15. Jahrhundert hinweist. Die Moritzkirche hat die aufwendigste Außenarchitektur unter

den vier mittelalterlichen Kirchen in Halle. Mit den fortschreitenden Bauarbeiten wurden die finanziellen Mittel knapper. Der westliche Bauabschnitt, fertiggestellt im frühen 16. Jahrhundert, zeigt eine schlichtere Gestaltung und die ursprünglichen Pläne für ein Turmpaar im Westen wurden aufgegeben. Zwischen 1554 und 1557 vollendete der Baumeister Nickel Hoffmann die Wölbung der Moritzkirche. Obwohl die Pfännerschaft in den folgenden Jahrhunderten verfiel, setzten sich verantwortungsbewusste Bürger 1833 für die Restaurierung der baufälligen Moritzkirche ein, wodurch sie bis heute erhalten blieb. Im Inneren sind Meisterwerke der gotischen Bildhauerkunst und des Baumeisters Conrad von Einbeck zu bewundern, darunter der heilige Mauritius von 1411 und die Klagende Maria von 1419.

Am Zigarreneck

Der Blick schweift vom Leipziger Turm aus auf die linke Seite des unteren Teils der Leipziger Straße. Bis 1827 Galgstraße genannt, avancierte die Straße gegen Ende des 19. Jahrhunderts zu einer prominenten Geschäftsstraße mit einem einzigartigen Flair. Nach 1870 entstanden prächtige Geschäftshäuser im Stil verschiedener Epochen wie dem Klassizismus und dem Jugendstil. Leider fiel das wohl größte und traditionsreichste Kaufhaus der Straße dem Bombenkrieg zum Opfer – das imposante Geschäftshaus der Familie C.F. Ritter (links mittig). Das Unternehmen war seit 1858 in Halle ansässig. Erst im Jahr 1997 entstand ein Nachbau des Ritterhauses. Dieser präsentiert sich jedoch als moderner Zweckbau mit wenigen stilistischen Besonderheiten.

Die Kreuzung wird markiert durch das historische Eckgebäude, das „Zigarreneck“. Seit vielen Jahrzehnten beherbergt das Erdgeschoss einen Tabakladen. Gegenüber vom Zigarreneck erhebt sich das Geschäftshaus von Pottel & Broskowski. Als Vertreter des Neuen Bauens gelang es dem Architekten Bruno Föhre, ein städtebauliches Pendant gegenüber dem Leipziger Turm zu schaffen. Das Gebäude beherbergte eine damals sehr renommierte Wein- und Feinkosthandlung sowie ein Restaurant. In den 1870er-Jahren entstand auf dem Gelände der ehemaligen Befestigungsanlagen, rechts vom Leipziger Turm, eine promenadenartige, stark begrünte Wohn- und Geschäftsstraße, einst als Poststraße bekannt, zwischenzeitlich Adolf-Hitler-Ring und heute Hansering.

Gerettet vorm Verfall

Der Ursprung des Hauses in der Mittelstraße 17 reicht bis ins frühe 16. Jahrhundert zurück, was es zum ältesten erhaltenen Fachwerkgebäude in Halle macht. Im Erdgeschoss über den tonnengewölbten Kellern aus dem 16. Jahrhundert befindet sich eine der wenigen verbliebenen Bohlenstuben der Stadt. Es wird sogar angenommen, dass die originale Bemalung aus dieser Zeit noch erhalten ist. Das zweite Obergeschoss und eine hofseitige Erweiterung des Gebäudes stammen hingegen aus der Barockzeit, ebenso die beiden benachbarten Häuser (17a und 18). Zusammen bilden sie die letzte durchgehende Fachwerkzeile in der Innenstadt von Halle. Die Gebäude sind geprägt von zahlreichen architektonischen Details aus dem 18. und 19. Jahrhundert, wie etwa Stuckdecken, die das äußere und innere Erschei-

nungsbild maßgeblich beeinflussen. Ergänzt durch ihre Hofanlagen, auf denen noch Speichergebäude aus dem 19. Jahrhundert stehen, bilden sie ein besonders charmantes und malerisches Ensemble historischer Architektur im Herzen der Großstadt. Dass diese Häuser vor der jahrelangen Ignoranz der Eigentümer gerettet wurden, verdankt Halle dem unermüdlichen Engagement und der Wachsamkeit des Arbeitskreises Innenstadt sowie dem in der Mittelstraße ansässigen und bekannten Künstlerpaares Ralf Penz und Ulli Hammers. Beide führen ihre wundervolle verwunschene Galerie direkt gegenüber. Die Sanierung war letztendlich jedoch auch ein Kompromiss, denn der Hof und die Baulücken vor und nach der Fachwerkzeile wurden mit modernen Gebäuden geschlossen.

120 Jahre Backtradition

Die traditionsreiche Bäckerei Kolb in Halle feierte im Jahr 2023 ihr 120-jähriges Bestehen. Alles hatte an einem Mittwoch, dem 1. Juli 1903, begonnen, als der Bäckermeister Karl Kolb und seine Frau Anna in der Jacobstraße im Glaucha-Viertel eine Bäckerei eröffneten. Im Jahr 1907 übernahmen sie die Bäckerei in der Schillerstraße 23, die auch heute noch den Hauptsitz des Geschäfts darstellt. Im Jahr 1976 trat Bäckermeister Walter Kolb, Sohn von Karl Kolb, in den Ruhestand. Zwei Jahre schien es, als ob die Tradition der unabhängigen Bäckermeister Kolb zu Ende gehen würde, bis Karl-Wilhelm Kolb, der Enkel des Firmengründers, die Bäckerei im Jahr 1978 übernahm. Im Jahr 2016 übernahm sein Sohn Holger Kolb den Platz in der Backstube, und so bleibt die Familientradition auch im 21. Jahrhundert erhalten. Viele Generationen gingen in dem kleinen Laden in der Schillerstraße ein und aus, der mit seinem Charme an vergangene Tage erinnert. Die Einrichtung mit den weißen Regalen und der großen Theke wurde im Jahr 1936 von Walter Kolb angefertigt, als er den Laden umbaute. Vieles ist bis heute gleichgeblieben. Nach den alten Traditionen ihrer Lehrmeister backen die Kolbs auch heute noch Brötchen, Brot, Kuchen und Torten.

Eine besondere Ehre wurde Karl Kolb von der halleschen Salzwirkerbrüderschaft zuteil. Als einzige Bäckerei in Halle darf sich die Bäckerei Kolb Hallorenbäckerei nennen und den stadtbekannten Hallorenkuchen backen.

Brot- Weiss-
Karl Kolb
Kuchen- Bäckerei
120 Jahre Feinbäckerei Karl Kolb
Feinbäckerei
Karl Kolb
120 Jahre

An der Klausbrücke

Die historische Abbildung zeigt den Blick von der Klausbrücke am Mühlgraben in Richtung des Hallorenrings bis zur Einmündung in die Hackebornstraße, im Hintergrund die Spitze des Roten Turms sowie die Silhouette der Marktkirche. Die Klausbrücke ist nach einem ehemals in diesem Areal befindlichen Stadttor, dem Klaustor, benannt. Bereits im Mittelalter wurde eine Holzbrücke errichtet. 1576 wurde diese durch eine Steinbrücke ersetzt, die Mitte des 19. Jahrhunderts mit Sandsteinquadern erneuert und im Jahr 2011 letztmalig aufwendig saniert wurde. Die aktuelle Aufnahme zeigt, dass die schönsten Häuser noch weitestgehend erhalten sind. In der Mitte ist das repräsentative Friedemann-Bach-Haus zu sehen, das Wohnhaus des Komponisten Wilhelm Friedemann Bach, Sohn von Johann Sebastian Bach. Als Musikdirektor und Organist an der Marktkirche Unser Lieben Frauen wirkte er von 1746 bis 1764. Vermutlich 1763 zog er in ein „Quartier der Clausbadstube“ um. Dieses Badehaus von 1554, einst im Besitz der Bader-Innung, stand an der heutigen Großen Klausstraße 12. Die genaue Position von Bachs Wohnung ist heute unbekannt. Vom ursprünglichen Fachwerkgebäude ist nur der Flügel zur Großen Klausstraße erhalten. Der Flussteil wurde 1834 abgerissen, ein Neubau entstand am Hallorenring. Das Haus durchlief im 19. und 20. Jahrhundert einige Umbauten, inklusive des zusätzlichen Obergeschosses (1874). Es beherbergte verschiedene Geschäfte sowie den Gasthof „Zum goldenen Hahn“. Heute präsentiert die Stiftung Händel-Haus hier die Ausstellung „Musikstadt Halle“, welche die Musikgeschichte der Saalestadt darstellt.

Campus für Spitzenforschung

Das heutige Areal „Weinberg Campus“ war seit dem 13. Jahrhundert von zahlreichen Weinbergen und Weingärten bedeckt, die halleschen Bürgern, Pfändern und Patriziern gehörten. Mitte des 18. Jahrhunderts ging die Weinanbaufläche stark zurück. Die Weinberge wurden in Äcker und Obstplantagen umgewandelt. Die erste größere Besiedlung erfolgte 1844, als die Landes- und Pflegeanstalt zu Nietleben auf dem Gelände errichtet wurde. Die Anstalt verfolgte im Zuge der Humanisierung der Psychiatrie alternative Konzepte. Nach ihrer Schließung 1935 wurden die Gebäude in die Heeres- und Luftnachrichtenschule integriert und entlang der Heideallee entstand eine großflächige Kasernenanlage. In der DDR-Zeit waren bis zu 9.000 sowjetische Soldaten auf dem abgeriegelten Gelände in Heide-Süd stationiert. Im westlichen Teil des Areals entwickelte sich die Universität. Zwischen 1952 und 1955 entstanden

zahlreiche neue Universitätsgebäude. 1958 gründete der Biochemiker Kurt Mothes das Institut für Biochemie der Pflanzen, aus dem nach der Wende das Leibniz-Institut für Pflanzenbiochemie hervorging. 1960 folgte die Gründung des Instituts für Festkörperphysik und Elektronenmikroskopie, das später zum Max-Planck-Institut für Mikrostrukturphysik wurde. Anfang der 1970er-Jahre begann der Bau des Universitätsklinikums. Nach der Wiedervereinigung wurde das Areal nach und nach saniert. Viele neue universitäre Forschungseinrichtungen und außeruniversitäre Institutionen siedelten sich an, darunter 1992 die Fraunhofer-Gesellschaft. 1993 entstand das erste Technologie- und Gründerzentrum, gefolgt von der Einweihung des Bio-Zentrums fünf Jahre später. Diese Entwicklungen markierten den Beginn des heute größten Technologieparks Mitteldeutschlands.

Berühmte Bewohner

Das Bürgerhaus in der Großen Märkerstraße 5 galt lange Zeit als eines der letzten ruinösen Häuser in der Altstadt. Seit Ende 2022 erstrahlt es jedoch wieder in der ehemaligen Prachtstraße. Das Gebäude, das aus den Jahren 1715/19 stammt, zählt zweifellos zu den bedeutendsten und geschichtsträchtigsten Häusern der Stadt. In seinen Mauern lassen sich Spuren verschiedener Epochen wie Renaissance, Barock, Rokoko, Klassizismus und schließlich sogar Jugendstil entdecken, insbesondere rund um die Kamine in der oberen Etage. Über 25 Jahre lang stand das Haus leer, die Fassade musste bereits gesichert werden und ein Abriss schien fast unausweichlich. Die Bewohner des Hauses waren damals sehr angesehene Persönlichkeiten, deren Namen heute kaum noch jemand kennt. Die Liste ist beeindruckend: Der Anatom Philipp Adolf von Boehmer (1716–1789) führte hier anatomische Übungen durch. Viele Professoren praktizierten in ihren Wohnhäusern. Im Jahr 1817 erwarb der angesehene Arzt Dr. Wilhelm Hermann Niemeyer (1788–1840) das Haus. Niemeyer wurde später Direktor des Entbindungsinstituts der Universität. Nach Niemeyers Tod kaufte der Kaufmann Ludwig Flöthe das Gebäude und vermietete es an Gelehrte der Universität. Richard von Volkmann (1830–1889) oder der Physiker Hermann Knobloch (1820–1895) haben in diesem Haus gewohnt oder gearbeitet. Volkmann zählt zu den herausragenden Chirurgen des 19. Jahrhunderts und entwickelte u.a. neue Methoden für die Resektion von Gelenken und die Operation komplizierter Brüche.

Film ab und Aus!

Im Jahr 1913 beauftragte die Continental-Projektion GmbH in Bremen den renommierten Architekten Paul Grempler aus Halle mit der Gestaltung des „Astoria Lichtspielhauses". Dieses sollte an der Ecke Kleine Ulrichstraße / Alte Promenade entstehen, unweit des bereits von Grempler entworfenen „Passage-Theaters". Der Bau, errichtet auf dem Gelände der ehemaligen Universitätsreitbahn, beeindruckte durch seine schlichte Schönheit und fügte sich harmonisch in das Ensemble der benachbarten Jugendstil- und Eckgebäude ein. Am 16. Oktober 1914 eröffnete das „Astoria Lichtspielhaus" mit einem speziell auf die militärischen Umstände des Ersten Weltkriegs abgestimmten Programm. In den Jahren nach 1915 passte sich das Kino den Kriegszeiten und den Zensurvorschriften an, präsentiert von der

„Vereinigten Lichtspielhäuser“ unter dem Logo U.T. Im Jahr 1925 übernahm die Ufa das Kino, benannte es in „Ufa-Theater Alte Promenade“ um und verlieh ihm eine exzentrische Farbgestaltung. In der Nachkriegszeit wurde das Kino vorübergehend für die Bevölkerung geschlossen und stattdessen sowjetischen Offizieren überlassen. Die DEFA übergab es 1953 mit 917 Plätzen als „Theater der Freundschaft“ an die Hallenser. 1968 erfolgte ein umfangreicher Umbau für 70-Millimeter-Filme, wodurch es als das modernste Kino in der DDR galt. In den 1980er-Jahren führte das Urania neue 3-D-Filme ein. Bedauerlicherweise wurde das Kino im Jahr 1997 endgültig geschlossen. Dennoch beherbergt das Gebäude heute noch eine bekannte und beliebte Musikkneipe.

Heilendes Quellwasser

Die Quelle des berühmten Gesundbrunnens ist seit dem frühen Mittelalter bekannt. Erzbischof Burkhard III. schenkte sie dem Moritzkloster. Die Gesundbrunnenquelle, erstmals 1310 als „Heiliger Born" erwähnt, lag südlich von Halle im Gesundbrunnental. Das Wasser der Quelle ist reich an Mineralien, Eisen und Kohlensäure. Aufgrund ihrer vermeintlichen Heilwirkung wurde die Quelle eingefasst und das Wasser über Holzleitungen bis zu einer am

Saaleufer errichteten Kapelle geführt. Der Ort wurde zu einem beliebten Wallfahrtsort. Nach der Reformation unterblieben die Besuche am heiligen Brunnen, er verfiel und die hölzernen Röhren verrotteten. Um 1646, während einer Epidemie, wurde die Quelle wiederentdeckt, instand gesetzt und in „Gesundbrunnen“ umbenannt. Der Brunnen sollte bei allen Krankheiten nützlich sein, doch aufgrund unwirksamer Kuren geriet er in Verruf und wurde als „Krätzerbrunnen“ geschmäht. Später geriet der Brunnen in Vergessenheit. In der Zeit von König Friedrich I. von Preußen (1701–1713) wurde der Brunnen wieder aufgegraben, gereinigt und mit einem achteckigen Häuschen überbaut. Die Eigentümer wechselten in den folgenden Jahrzehnten oftmals, schließlich kaufte die Stadt 1885 das gesamte Areal. In den Jahren 1901/02 wurde der heutige Oberbau auf dem noch vorhandenen Fundament errichtet, danach wurde der Brunnen jedoch Jahrzehnte lang dem Verfall preisgegeben. Das achteckige Brunnenhaus mit roten Ziegelverblendungen, Rundbogenfenstern und barocker Schweifhaube wurde 2012 dank eines Vereins und Spendengeldern renoviert. Das südliche Stadtviertel von Halle trägt bis heute den Namen „Am Gesundbrunnen“.

Für scharfe Sicht: Trothe Optik

Im Jahr 1817 gründete Wilhelm Trothe, Mechanicus und Opticus, ein Brillengeschäft in der Rannischen Straße 504 und eine kleine Annonce im „Halleschen Patriotischen Wochenblatt" markierte den Beginn eines der ältesten und renommiertesten Augenoptikunternehmen weltweit: Trothe Optik. Nach dem Tod des Gründers trat sein 28-jähriger Sohn Carl Trothe im Jahr 1847 die Leitung des Geschäfts in der Rathausgasse 232 an und führte es fort. Der Mitunternehmer Erich Norgall etablierte das Unternehmen 1918 als Hoflieferant von Anhalt-Dessau, und so wurde es zum führenden Unternehmen der Branche. Der Enkel von Erich Norgall, Dietrich Kloevekorn-Norgall, übernahm das Geschäft 1969 als Inhaber und führte es durch die schwierigen Jahre bis 1989. In den 1990er-Jahren setzte er die Expansion sowie Festigung des Familienunternehmens fort und im Jahr 2007 erfolgte die Eröffnung des

Trothe Sehzentrums. Dort können Augenoptikingenieure und Augenoptikmeister professionell u.a. Kontaktlinsen anpassen. Durch Digitalisierung und Innovationen kann Trothe Optik präziseres Sehen erheblich unterstützen. Die Führung des Unternehmens liegt heute in den Händen der Geschwister Ulrike Kloevekorn-Fischer und Kristian Kloevekorn-Norgall. Im Jahr 2021 eröffneten sie das „Haus des Sehens“ im historischen Dürerhaus am Kleinschmieden 4. Das Gebäude, ein schmaler Fachwerkbau aus dem frühen 16. Jahrhundert, zählt zu den letzten Renaissancehäusern in der Innenstadt. Die Geschwister haben es umfassend modernisiert und nun sind die einstmals drei Standorte des Unternehmens harmonisch unter einem Dach vereint.

Tauschels Parfümwelten

In der Gründerzeit, als Deutschland noch ein Kaiserreich war, nahm die Geschichte dieses Familienunternehmens ihren Anfang. Die Hallensia Drogerie & Parfümerie blickt nunmehr auf eine 130 Jahre lange Geschichte zurück. Als Franz August Patz in der Aufbruchstimmung der Gründerzeit sein Geschäft 1890 eröffnete, konnten die Kunden neben Drogen, Farben, Tee und Mineralwasser bereits damals französisches Parfüm und englische Seife erstehen. Seitdem durchlebte die Drogerie bedeutende politische und wirtschaftliche Veränderungen. In den ersten neun Jahrzehnten wurde die Drogerie von der Familie Patz/Nilius durch die Herausforderungen der Zeit gelenkt. Dabei musste das stets privat geführte Unternehmen gravierende Ereignisse wie den Ersten Weltkrieg, den Niedergang des Kaiserreichs, die Wirtschaftskrise mit Hyperinflation, die Weimarer Republik, die Zeit des Nationalsozialismus, den Zweiten Weltkrieg, die Teilung Deutschlands und die DDR-Zeit überstehen. Im August 1981 übernahmen Ingrid und Joachim Tauschel die Geschicke der Hallensia-Drogerie. Im Laufe der nächsten vier Jahrzehnte traf Familie Tauschel die wesentlichen Entscheidungen, um das Familienunternehmen zum heutigen Erfolg zu führen. Ganz entscheidend war dabei sicher das Wagnis, die Drogerie 1992 mit einem aufwendigen und totalen Umbau in eine moderne und attraktive Parfümerie zu verwandeln. Und auch die nächste Generation, repräsentiert durch Tochter Diana Tauschel und Enkelin Emma, steht bereit, um die Tradition des Unternehmens fortzusetzen.

Höchster Kaffeegenuss

In der malerischen Umgebung von Giebichenstein, nahe dem Ufer der Saale und nur einen Steinwurf entfernt vom Bergzoo, Reichardtsgarten und der Burg Giebichenstein, befindet sich das eindrucksvolle Kaffeehaus und Restaurant „Wittekind“ in der Seebener Straße. Die jetzigen Inhaber Konrad Paulus Sonnenburg und Anna Krischer waren sofort von dem Haus begeistert. Das Kaffeehaus „Wittekind“ repräsentiert eine bewegte über 100-jährige Tradition. Seit 1909 wurden hier Gäste bewirtet. Sechs Jahrzehnte lang war der Bau die Heimat der berühmten Tortenkönige des „Cafés Schade“. Bedauerlicherweise musste die Konditor-Dynastie 2017 aufgegeben werden und das Gebäude stand längere Zeit leer. 2021 wurde das Kaffeehaus wiederbelebt und präsentiert sich den Hallensern in neuem Glanz und mit neuem Konzept. In der Speisekarte ist zu lesen: „Es erdet uns, wenn die Hände den Teig kneten und die umarmende Wärme des Steinbackofens zu spüren ist. Es ist das Verführerische und die Heimat, wenn der unendlich gute Duft, von frischen selbstgebackenen Kuchen und Brot durch das Kaffeehaus zieht. (…) In unserem Kaffeehaus Wittekind wird schon seit über 100 Jahren selbst gebacken und wir werden diese wunderschöne Tradition mit all unserer Passion und handwerklichem Können fortsetzen und ausbauen.“ Neben süßen Leckereien aus eigener Herstellung wird seit geraumer Zeit im Ladengeschäft gleich nebenan das Sortiment durch eine hauseigene Boulangerie ergänzt, die kreative Hausmannstürme-Baguettes oder Ochsenbergbrote herstellt. Eben echtes hallesches Handwerk mit Qualität!

Bildnachweis

Stadtarchiv Halle: S. 7, 11, 14, 22, 44, 50, 53, 54, 59, 62, 68, 75, 86, 89, 104, 106, 110;
Stiftung Händel-Haus: S. 70;
Dorothea Pelliccioni: S. 35, Nachsatz;
Stefanie Elsner: Einband vorne, S. IV, 15, 23, 42, 57, 58, 63, 71, 77, 85, 87, 98;
Kerstin Kiefel: S. 2, 9, 10, 13, 17, 19, 21, 25, 26, 29, 31, 32, 37, 39, 41, 45, 47, 48, 51, 52, 55, 61, 65, 67, 69, 73, 74, 79, 81, 82, 83, 88, 91, 93, 95, 97, 99, 105, 107, 109, 111, 117;
Sammlung Postkarten Kerstin Kiefel: Vorsatz, S. 8, 12, 16, 18, 20, 24, 27, 28, 33, 34, 36, 40, 43, 46, 49, 56, 60, 66, 72, 76, 80, 84, 92, 94, 96, 103;
Christian Feigl (von AKI e.V. Halle): S. 78;
Parfümerie Tauschel: S. 114;
Ingo Gottlieb: S. 115;
Holger Kolb, Feinbäckerei Kolb: S. 100, 101;
Kristian Kloevekorn-Norgall, Trothe Optik: S. 112, 113;
Werner Schönfeld: S. 30, 90;
Zentralmagazin Naturwissenschaftlicher Sammlungen (ZNS): S. 64;
© Catatine /Lizenz CC-BY-SA-3.0, https://de.m.wikipedia.org/wiki/Datei:Holzplatz_Gasometer.JPG, Holzplatz mit dem Gasometer von 1891, Halle (Saale): S. 38;
https://www.leunachemiestadion.de/das-alte-kurt-wabbel-stadion.html:(Stadtarchiv Halle): S. 89;
© justforyouoo / Lizenz CC-BY-3.0, https://commons.wikimedia.org/w/index.php?curid=53788981, File: Neue Klausbrücke, im Hintergrund die 5 Türme - panoramio.jpg: S. 102;
© Jörg Ostheimer / Lizenz CC-BY-SA-2.0, https://commons.wikimedia.org/wiki/File:Halle,_Saale_URANIA_70_(1991)_(52063843006).jpg: S. 108;
© Carsten Bach / Lizenz CC-BY-SA-2.0, https://www.flickr.com/photos/carstingaxion/472524586/in/album-72157600124465211/: S. 116;
https://www.deutsche-digitale-bibliothek.de / Fotografien Gottfried Riehm (Bestand), siehe Stadtarchiv Halle.

Literaturverzeichnis

ARBEITSKREIS INNENSTADT E.V. / FRANKONIA WOHNBAU GMBH & CO KG (HRSG.): *Vom Schlamm zum Händelviertel,* fliegenkopf verlag, Halle 2000.

BARON VON SCHULZE-GALLÉRA, DR. SIEGMAR: *Die Stadt Halle. Ihre Geschichte und Kultur,* Gebauer Schwetschke Druckerei und Verlag A.G., Halle 1930.

BARON VON SCHULZE-GALLÉRA, DR. SIEGMAR: *Topographie oder Häuser- und Straßengeschichten der Stadt Halle an der Saale. Band 1: Altstadt,* Halle 1920-1923

BRÜLLS, HOLGER / DIETZSCH, THOMAS: *Architekturführer Halle an der Saale,* Dietrich Reimer Verlag, Berlin 2000.

DOLGNER, DIETER: *Historische Villen der Stadt Halle/Saale.* Druckerei Heinrich John, Halle 2003.

EVANGELISCHE MARKTKIRCHENGEMEINDE ZU HALLE VON SABINE KRAMER UND KARSTEN EISENMENGER (HRSG.): *Die Marktkirche Unserer Lieben Frauen zu Halle.;* Verlag Janos Stekovics, Halle an der Saale 2004.

FREITAG, WERNER / RANFT, ANDREAS: *Geschichte der Stadt Halle. Band 1. Halle im Mittelalter und in der Frühen Neuzeit,* Mitteldeutscher Verlag, Halle 2006.

FREITAG, WERNER / MINNER KATRIN: *Geschichte der Stadt Halle. Band 2. Halle im 19. und 20. Jahrhundert,* mdv, Halle 2006.

GRÖTSCHEL, PEGGY / BEHNE, MATTHIAS: *Die Kirchen der Stadt Halle,* mdv, Halle 2006.

GROTE, LUDWIG: *Kardinal Albrecht und die Renaissance in Halle,* Waldersee Verlag, Halle 2006.

HALLESCHE BLÄTTER / ARBEITSKREIS INNENSTADT E.V. (HRSG.), verschiedene Ausgaben

KULTURFALTER: *Stadtgeschichtsseite – Das „Thalhaus" – ein Stück Stadt- und Museumsgeschichte,* Anja Preiß, Andrea Thiele, Mai 2007.

MORITZ, GUSTAV: *Geschichte der Moritzburg zu Halle,* 4. vollständig neu bearbeitete Auflage, Verlag von Herrmann Gesenius, Halle.

NEUSS, ERICH / PIECHOCKI, WERNER: *Halle an der Saale,* Sachsenverlag Dresden 1959.

PEISSNITZHAUS E.V.: *Die Romantischen Saaleinseln. Der Forstwerder und die Rabeninsel* (Inselwanderung 2).

PIECHOCKI, WERNER: *Die große Märkerstraße,* fliegenkopf verlag, Halle 1995.

PIECHOCKI, WERNER: *Halle Ein verlorenes Stadtbild,* Wartberg Verlag 1994.

PIECHOCKI, WERNER / INGO GOTTLIEB: *Halle Ein Stadtbild im Wandel,* Wartberg Verlag 1999.

RIEHM, GOTTFRIED: *Halle um die Jahrhundertwende, Fotografien von 1858-1928,* Staatliche Galerie Moritzburg Halle, 1983

SCHERER, DETLEF: *Halle(Saale) in alten Ansichten,* Europäische Bibliothek, Zaltbommel/Niederlande, 1998

SCHERER, DETLEF: *Giebichenstein, Trotha und Kröllwitz in alten Ansichten* – Europäische Bibliothek, Zaltbommel/Niederlande, 2000

SCHERER, DETLEF: *Rundgang durch das alte Halle,* Wartberg Verlag 1999.

SCHMUHL, OLAF / RICHEY, WERNER: *Halle im Wandel,* Wartberg Verlag, 2011

Schneider, Katja / Tietz, Jürgen: *Stiftung Moritzburg. nieto sobejano – das neue Kunstmuseum in Halle,* Hirmer Verlag, Halle 2008.

Seidel, Christina: *Halles Süden – Spaziergänge durch Böllberg, Wörmlitz und Gesundbrunnen, mdv Verlag, 2022*

Stadt Halle (Saale): *Garten und Parkanlagen,* Hrsg. Fachbereich Stadtentwicklung und -planung, Halle 2004.

Stadt Halle (Saale): *Halle (Saale), Die Stadt verändert sich,* fliegenkopf verlag. Halle 2002.

Stadtmuseum Halle (Hrsg.): *„Als ein Student nach Halle kam …“,* Druckerei Franke, Halle 2002.

StattReisen Halle: *Halle an der Saale – Rundgänge durch die Stadtgeschichte, Sutton Verlag, 2023*

Speler, Ralf-Torsten: *Vivat Academia, vivat Professores! Hallesches Studentenleben im 18. Jahrhundert,* Martin-Luther-Universität Halle-Wittenberg, Zentrale Kustodie und Universitätsmuseum, Halle 2011.

Steger Florian, Schochow, Maximilian: *Disziplinierung durch Medizin: Die geschlossene Venerologische Station in der Poliklinik Mitte in Halle (Saale) 1961 bis 1982 (Studienreihe der Landesbeauftragten), mdv Verlag 2015*

Tietz, Anja A.: *Der Stadtgottesacker in Halle (Saale),* fliegenkopf Verlag, Halle 2004.

Trieder, Simone: *Dichtergarten Giebichenstein. Romantiker in Halle,* Hasen-Edition Halle/Saale, Mitteldeutsche kulturhistorische Hefte, Heft Nr. 9, Halle 2006.

Trieder, Simone: *Leben am Fluss. Die Saale in Halle,* Hasen-Edition Halle/Saale, Mitteldeutsche kulturhistorische Hefte, Heft Nr. 2, Halle 2006.

Ziegler, Thomas / Scherer, Detlef: *Halle (Saale),* Wartberg Verlag 1999

Webseiten (Auswahl):

www.aki-halle.de

www.leopoldina-halle.de

www.trothe.de

www.parfuemerienachrichten.de/hallensia-parfuemerie-tauschel-wird-125/

www.deutsche-digitale-bibliothek.de

https://kaffeehaus-wittekind.de/

https://www.leunachemiestadion.de/das-alte-kurt-wabbel-stadion.html

https://stadtmuseumhalle.de/standorte/christian-wolff-haus

https://hallespektrum.de/nachrichten/vermischtes/hauptbahnhof-in-halle-feiert-125-jaehriges-jubilaeum/178166/

https://www.ikare.uni-halle.de/kunstgeschichte/forschung/kuehler_brunnen/

www.stadtgeschichte-halle.de/publikationen/stadtgeschichtsseite-im-kulturfalter/

www.wuestenrot-stiftung.de/mosaik-josep-renau-halle/

www.brunnenhaus-gesundbrunnen-halle.de

https://www.peissnitzhaus.de/das-haus-2/geschichte-2

Über die Autorin

Kerstin Kiefel wurde in Halle geboren, sie studierte Tourismuswirtschaft an der Hochschule Harz und gründete 2007 die Veranstaltungsagentur StattReisen Halle, die sie bis 2022 führte. Sie ist immer wieder aufs Neue überrascht von dem Fassettenreichtum, den die Stadt Halle zu bieten hat. Besonders die Veränderungen der Stadt, die vielen positiven architektonischen Neugestaltungen und Sanierungen, aber auch die hemmenden Entwicklungen begleitet sie mit wachem und kritischem Auge. Vor einigen Jahren entdeckte sie ihre Liebe zum Schreiben und trat seit 2013 mehrfach als Autorin für Bücher über Halle in Erscheinung. Im Sutton Verlag sind u.a. erschienen: „Halle an der Saale. Rundgänge durch die Stadtgeschichte" und „Halle an der Saale. 55 Meilensteine der Geschichte".

Einband vorn: Silhouette vom Marktplatz Halle damals und heute.
Vorsatz: Historische Luftaufnahme von der Stadtmitte Halles, um 1920.
Nachsatz: Luftaufnahme von der Mansfelder Straße Richtung Marktplatz.
Einband hinten: Blick auf die Ostseite des Marktes (siehe Seite 20/21).

Impressum

Sutton Verlag GmbH
Schweickhardtstraße 1
72072 Tübingen
www.suttonverlag.de

ISBN: 978-3-96303-526-5
Druck: Printed in Poland by CGS
Gestaltung und Herstellung: Sutton Verlag